Leopold von Borch

Geschichte des kaiserlichen Kanzler Konrad,

Legat in Italien und Sizilien, Bischof von Hildesheim und von Würzburg...

Leopold von Borch

Geschichte des kaiserlichen Kanzler Konrad,
Legat in Italien und Sizilien, Bischof von Hildesheim und von Würzburg...

ISBN/EAN: 9783743446397

Hergestellt in Europa, USA, Kanada, Australien, Japan

Cover: Foto ©ninafisch / pixelio.de

Manufactured and distributed by brebook publishing software
(www.brebook.com)

Leopold von Borch

Geschichte des kaiserlichen Kanzler Konrad,

Geschichte

des

Kaiserlichen Kanzler Konrad,

Legat in Italien und Sicilien,

Bischof von Hildesheim und von Wirzburg,

und

dessen Vertheidigung gegen die Anklage des Verrathes.

Von

Freiherr Leopold v. Borch.

Zweite neu bearbeitete und vermehrte Auflage.

Io mi sono ingegnato, non maculando la
verità, di soddisfare a ciascuno, e forse non
avrò soddisfatto a persona.
Nicolò Macchiavelli
(Dedica al papa Clemente VII delle Istorie
Fiorentine).

Innsbruck.
Druck und Verlag von Felician Rauch.
1882.

Vorwort.

Die günstige Aufnahme meiner Geschichte des Kanzler Konrad in mehreren grösseren Zeitungen, hat mich ermuthigt, eine zweite, ausführlichere Bearbeitung vorzunehmen. Einige Mängel, auf welche ich in der Sybel'schen historischen ·Zeitschrift durch Professor E. Winkelmann aufmerksam gemacht wurde, habe ich mich zu verbessern bemüht. Auch ist der Inhalt bedeutend vermehrt worden, und es haben auch die Urkundenauszüge, welche nur sehr kurz abgefasst waren, grösseren Umfang und Erklärungen erhalten. Eine grosse Zahl von Urkunden musste nur der Vollständigkeit wegen aufgenommen werden, weil Konrad's Name entweder unter den Zeugen oder in der Schlussformel als Kanzler genannt wird. Den Befehl des Pabstes vom Januar 1202, an ihn und den Bischof von Speier, Lupold von Worms zu ermahnen, seinen Ansprüchen als Erwählter von Mainz zu entsagen, habe ich in der Bearbeitung zu besprechen vermieden, weil mit Bestimmtheit nicht nachzuweisen ist, wie weit er dieser Aufforderung nachkam. Ich hätte leicht die Folgerung ziehen können, dass er nicht zu Gunsten des durch welfische Waffen eingesetzten Erzbischofes Siegfried gehandet haben kann, weil diesem im December vom Pabste Vorwürfe gemacht werden, dass er Schuld an dem Sturze Konrad's von Wirzburg trage. Bessere Gründe, als nur Vermuthungen, werden zeigen, dass der letztere dem Banner der Staufen nicht untreu wurde! Ich habe den Beweisstücken

auch eine Uebersetzung des langen, merkwürdigen
Briefes hinzugefügt, in welchem Konrad als Legat
im Jahre 1196 die Eindrücke schildert, welche Italien und Sicilien auf ihn gemacht haben. Für die
oft schwierige Zeitbestimmung der einzelnen Heerfahrten haben mir Th. Toeche's Heinrich VI., und
E. Winkelmann's Philipp von Schwaben und Otto IV.
von Braunschweig, als Grundlage gedient. Bei der Besprechung des Lebens und Wirkens des Kanzler habe
ich die Chronik nur benützt, wenn dieselbe mit den
urkundlichen Nachrichten übereinstimmt. Dadurch ist
nun ein sehr abweichendes Bild von demjenigen entstanden, welches andere, namentlich Dr. Abel in Philipp der Hohenstaufe, und Professor Winkelmann in
Philipp und Otto, von dem Kanzler Konrad gezeichnet
hatten, und ich hoffe, dass es mir gelungen sein möge,
die gegen ihn erhobenen, schweren Anklagen wider-
legt zu haben.

Innsbruck, 1882.

Freiherr Leopold v. Borch.

———×———

Sehr verschieden sind die Ansichten über die Leistungen des Bischof Konrad. Schon mehrfach habe
ich in Werken, welche einen andern Gegenstand be-
handeln, kurze Andeutungen gelesen, allein eine Geschichte seines bewegten Lebens, oder auch nur eingehende Forschungen über seine Abstammung, habe
ich nirgends finden können. Ich darf sagen, es haben
sich Vorurtheile gebildet, welche auf unsicheren Ueber-
lieferungen fussen. Ich werde mir erlauben, die auf
chronikalen Angaben beruhenden Meinungen einer Untersuchung zu unterziehen, und dann die Urkunden für
meine eigene Ansicht sprechen lassen. Leider muss
ich der vielen, nothwendigen Erklärungen wegen einige
Male den eigentlichen Gegenstand der Abhandlung
verlassen, weil Konrad's Geschichte grosse Schwierigkeiten bietet, und sein Leben von der Geburt bis
zum Tode in Geheimniss gehüllt ist. Aus den gleichen Gründen war auch eine andere Eintheilung nicht
möglich.

Ich habe mich über seine Herkunft zunächst mit der
in Süddeutschland angenommenen Auffassung zu be-
schäftigen. Nach derselben war Konrad ein geborner
Herr von Ravensburg. Als Hauptgründe werden aufgestellt die Worte des P. Aemilian Ussermann, Germania sacra, B. IV, S. 75:

Conradi genus ex vicino olim Herbipoli
castro Rabenspurg repetit *Frisius*, illumque
trium caesarum Friderici. Heinrici VI. et

1

Philippi aulae cancellariis adnumerat. (Lorenz Fries war Geheimschreiber des Bischof Konrad III. 1519—1540) und die Stelle der annales Reinhardsbrunnenses (Ausgabe Fr. X. Wegele, S. 80), wo es bei der Betheiligung an dem von Kaiser Heinrich VI. gelobten Kreuzzuge heisst:

Conradus, imperalis aule cancellarius atque in eodem procinctu ad electionem Herbipolensis episcopatus insigniter declaratus (für consecratus), *cum duobus uterinis fratribus suis, scilicet Gebehardo et Gerhardo de Quernforde*

aus welchen Worten H. Lüntzel, Geschichte der Dioecese Hildesheim I, 481, gefolgert hat: dass Konrad mit den uterinis fratribus nur ein und dieselbe Mutter, aber einen anderen Vater hatte.

Nach P. Ussermann stammte also *Konrad's Geschlecht aus dem nahe bei Wirzburg gelegenen Schlosse Ravensburg*, von dem noch vor kurzer Zeit unweit Veitshöchheim am Main Ueberreste vorhanden waren. Nun aber ist eine Familie von Ravensburg in Franken urkundlich so früh gar nicht nachweisbar; erst 1210 verzichtet Heinrich, 1212 Bodo von Ravensburg, (nach C. H. de Lang, regesta B. II, S. 41, u. 49) auf Vogteirechte, und diese hätten demnach Konrad's Brüder sein müssen. Diese beiden Urkunden sind im Archiv des historischen Verein von Unterfranken XIII, S. 270, ganz unrichtig übersetzt, weil interventu als gleichbedeutend mit consensu behandelt wird. Wenn in dieser Weise mit *Urkunden* verfahren wird, darf man sich nicht wundern, dass der Herr Verfasser S. 259—260 ausruft: „ob Bischof Konrad ein Rabensburg oder ein Querfurt gewesen, wird noch so lange unentschieden belassen werden müssen, bis die Quellen entdeckt sein werden, aus welchen der *fränkische Chronist L. Fries* seine Nachrichten über diesen Bischof geschöpft hat!" Die Wahrheit aber ist, dass Lorenz Fries an dieser

Stelle, wie an vielen andern, eine völlige Nichtachtung der Urkunden erkennen lässt. Weil nun in Franken der Name eines Geschlechtes von Ravensburg vor Heinrich und Bodo nicht vorkommt, so gab er ihnen als Ahnherrn Dieto aus dem Hause der *Kämmerer von Ravensburg in Oberschwaben*, von deren Burg bis auf den heutigen Tag noch Mauern mit einem starken Thurm nicht nur der Zeit, sondern auch den Zerstörungsversuchen Trotz geboten haben. Wie die wirtembergische Regierung das Hauskloster, Langenau, der Grafen von Montfort-Tettnang, deren Gebeine noch in dem benachbarten Dorfkirchlein Hiltensweiler unter einer kleinen Steinplatte zu suchen sind, auf Abbruch verkaufte, so theilte dieses Schicksal Neu-Ravensburg. Der Käufer aber gab es bald auf, die schönen alten Mauern nieder zu reissen, — weil der Stein in diesem Falle härter war als der Menschen Herz! Es wird als Stammsitz dieses Geschlechtes gewöhnlich noch die Stadt Alt-Ravensburg angesehen, J. von Arx weist aber in seiner Geschichte des Kanton St. Gallen (B. I, S. 402., und Berichtigungen und Zusätze, S. 56.) aus dem Necrologium dieser Reichsabtei mit Sicherheit nach, dass das nahe gelegene Neu-Ravensburg (castrum in novo Ravensburg) der Sitz der Familie war. Aus dieser Burg, von deren Zinnen das Auge wie von der nahen, aber schön erhaltenen Waldburg über die blauen Wellen des schwäbischen Meeres bis zu den Schneemännern von Graubündten schweift — stammte Dieto von Ravensburg, Konrad's angeblicher Vater. Nach C. v. Staelin, Wirtemberg. Geschichte II, S. 266, war er ein welfischer Dienstmann, wie Gebizo v. R., welcher schon 1145 das Prämonstratenser-Chorherren-Stift Weissenau im Sprengel Konstanz gestiftet hatte (ebenda S. 728). Friedrich, Heinrich L., Dietrich, Dieto II., Heinrich II. kommen in monumentis boicis, B. VI, VII, X, XXX', und bei J. Böhmer, regesta im. B. 1198—1254 häufig in welfisch-staufischen Landen und Urkunden vor, und Johann, sonst wenig bekannt, gründet nach

C. v. Staelin, (Wirtemberg, II, S. 739) 1250 das Domini-
canerinnen-Kloster Löwenthal im Sprengel Konstanz.
Die Anhänger der Ravensburger-Abstammung nehmen
nun an, dass Adelheid Markgräfin von Vohburg, erste
Gemahlin des nachherigen Kaisers Friedrich I.,später
noch zweimal vermählt war: mit Dieto von Ravensburg, aus welcher Ehe (nach dem Archiv des historischen Vereines für Unter-Franken, B. XIII, S. 257 ff.)
Bischof Konrad hervorgegangen wäre, und mit dem
Burggrafen Burchard III. von Magdeburg. Es würde
sich daraus folgende Stammtafel ergeben:

Friedrich von Schwaben.
Adela Markgräfin von Vohburg.
Kinderlose Ehe, getrennt 1153.

Dieto von Ravensburg.
Adela Markgräfin von Vohburg.

Konrad.

Adela, zum dritten Male vermählt mit
Burchard III., Burggrafen von Magdeburg aus dem
Hause Querfurt.

Burchard IV., Gebhard IV., Gerhard, Adelheid
(ob Wilhelm von Querfurt, Probst von Goslar, ein
Bruder war, vermag ich mit Bestimmtheit nicht zu
verbürgen).
Aus dieser angenommenen, aber auch dann eine
Blutsverwandtschaft zwischen Staufen und Ravensburg
durchaus nicht beweisenden Heirath, soll das consanguineus erklärt werden, welches König Philipp dem
Kanzler giebt, und auf welches ich später zurückkomme.
Wenn ich die zweite Heirath der Gräfin Adelheid
nach der Chronik zugebe, so würde, gestützt auf die
vorhergehenden Angaben, die dritte wohl auch gefolgert werden dürfen, wenn unter den uterinis fratribus
des Konrad *Stiefbrüder* zu verstehen wären, und wenn

vor allen Dingen die *Zeitangabe der hier folgenden,
ganz unverdächtigen Urkunden eine solche Annahme zu-
liessen.*

1155 Juni 19. Burchardus comes magdeburgensis ciuitatis et *Bvrchardus filius ejus*
(G. A. v. Mülverstedt, regesta archiepis-
copatus Magdeburgensis I, S. 527.

1156 März 10. Burchardus comes urbis et
Burchardus filius ejus (ebenda S. 531).

1156 November 30. Burchardus, comes Magdeburgensis civitatis et *Burchardus filius*
ejus (S. 535).

1158 Mai 9. Burchardus, urbanus comes et
filius ejus Burchardus (S. 551).

1159 Burchardus burgrauius et *filius suus
burghardus* (S. 557).

1180 Burchardus Magdeburgensis burchrauius, *Gcuchardus frater suus* (S. 673).

1182 Februar 14. Burchardus burchrauius
Magdeburgensis et *frater ejus Gcucve-
hardus* (S. 689).

1184 September 26. Burchardus, Castellanus
de Magdeburg et *frater ejus Gevehardus* (S. 698).

1184 October 20. Burchardus Burgrauius
Magdeburgensis et *Geuchardus frater
ejus* (S. 700).

1185 Burchardus Burgrauius Magdeburgensis
et *frater ejus Gcuchardus* (S. 707).

1185 Burchardus burgrauius Magdeburgensis et *frater ejus Gevehardus de Queren-
uorde* (S. 710).

1188 August 28. Nordhausen. Burchardus
burgravius Magdeburgensis et *Gevehardus frater ejus*. (Dr. K. F. Stumpf, die
Reichskanzler, acta imperii adhuc inedita III, S. 238.)

1182-1191 Conradus, zehnmal als *frater burc-*

gravii, darunter zwei Mal in Kaiser-
urkunden (in meinen Beweisstücken).
Die Ehe des damals noch römischen König Friedrich I. mit Adela von Voburg wurde bekanntlich 1153
getrennt. Möchte nun selbst die letztere unmittelbar
darauf den Dieto von Ravensburg und im folgenden Jahre schon den Burggrafen Burchard III. von
Magdeburg geheirathet haben, so könnte dieser letztere doch nicht schon seit 19. Juni 1155 mit seinem
Sohne Burchard, zehn Male Konrad's Bruder in meinen
Regesten 1182—1191 genannt, **als Zeuge** aufgeführt
werden. Burchard hätte 1155, wäre seine Mutter die
Markgräfin von Vohburg gewesen, noch nicht *ein Jahr
alt sein können!* Wollte man nun aber annehmen, Burchard IV, Gebhard und Gerhard seien aus der Ehe
des Vaters mit Mathilde Gräfin von Gleichen hervor-,
gegangen (Stammtafel), und erst nach deren Tode habe
Burchard III. sich mit Adela vermählt, so hätte, wenn
„uterinus frater" Stiefbruder von väterlicher Seite hiesse,
Konrad nicht zehn Mal Bruder (frater) Burchard's IV.
genannt werden können. Ueberdiess nennt Kaiser
Friedrich I. am 28. August 1188 als letzten geistlichen
Zeugen Conrad *Bruder des Burggrafen*, und dann unmittelbar darauf diesen letzteren und *seinen Bruder*
Gebhard, so dass alle drei in ein und derselben Urkunde als *Brüder* stehen. Konrad muss auch bedeutend jünger gewesen sein wie sein ältester Bruder, da
er vor dem Jahre 1182 in keiner Urkunde genannt
wird. Uterinus heisst von *einer Mutter*, aber dadurch
wird ja nicht ausgeschlossen, dass dieselben Personen
auch *einen Vater* haben konnten. In dem vorstehenden
Falle allerdings ist nur Burchard IV. als Sohn bezeichnet und die übrigen abwechselnd unter sich als
Brüder; ich will aber ein anderes Beispiel anführen,
welches in schlagendster Weise zeigt, dass *drei Brüder* als *Söhne desselben Vaters* erscheinen, und dass dennoch zwei auch einmal als *fratres uterini* aufgeführt
werden. Augenscheinlich ist also uterinus nichts an-

deres, als nur eine Verstärkung: dass die Brüder auch eine und dieselbe Mutter hatten.

1213 *Hermannus filius* Jarozlai (C. J. Erben, regesta Bohemiae et Moraviae, I, S. 251).

1224 Juni 21. *Hermannus* et *Budizlaus filii* Jarozlai (ebenda S. 316).

1232 *Jarozlaus* dapifer *cum fratre Budizlao* (S. 369—370).

1233 August 25. *Budizlaus et Jarozlaus filii* Jarozlai (S. 382).

1235 Februar 12. *Budizlaus et Jarozlaus, fratres uterini* (S. 409).

1237 *Budizlaus et Jarozlaus fratres* (S. 429.)

1240 September 5. *Dominus Budizlaus filius* Jarozlai (S. 467).

Ueber Konrad's früheste Jugend wissen wir nur, dass er die Schule in Hildesheim besucht hat, wie das aus einer sehr poesiereichen, von ihm selbst verfassten Schrift an seinen Erzieher, den Probst und späteren Bischof daselbst, Heribert von Dalem, hervorgeht. Dieselbe ist abgedruckt bei G. Leibnitz, Scriptorum Brunsvicensia Illustrantium, Band II, S. 695 ff. und ich will meinen Beweisstücken auch eine deutsche Uebersetzung beifügen. Jedoch ist sein Eintritt in das Domkapitel in Hildesheim nicht nachweisbar, denn die erste sichere Urkunde, welche wir über ihn haben, nennt ihn im Jahre 1182 unter den Domherren zu Magdeburg, und seit 1190 noch als Probst des Stiftes St. Nicolai daselbst in mehreren Urkunden des Erz-bischof Wichmann. Ich nehme mit Th. Toeche (Heinrich VI, S. 27) an, dass er vor jener Zeit in Paris studirte, wo er Lothar von Segni, den späteren Papst Innocenz III., kennen lernte, dessen Freundschaft ihm trotz aller späteren Kämpfe blieb. Die Jahre 1182—1191 sind von höchster Bedeutung für die richtige Beur-theilung seiner Herkunft und seiner späteren Laufbahn. Er wird in dieser Zeit, wie wir gesehen haben, zehn Male — darunter zweimal von Kaiser Friedrich I.,

Bruder des Burggrafen von Magdeburg, (aus dem Hause Querfurt), genannt. Es kann demnach kein Zweifel sein, dass er diesem Geschlechte entsprossen ist, wenn er auch, wie wir später finden werden, einen ganz anderen Familiennamen führte. Das Land Querfurt war nur eine Herrschaft, wenn auch die Magdeburger Schöppenchronik (von K. Janicke S. 418) von einer Grafschaft spricht. Dagegen kommt die Familie in allen Jahrhunderten auch mit dem gräflichen Prädikate vor, es muss also eine Uebertragung dieses Titels von einem anderen Besitze stattgefunden haben. Bei J. G. Eckard, corp. historicum med. aevi B. I, S. 464 sagt der als Chronist sehr zuverlässige annalista Saxo: hujus Wigmanni comitis frater erat *Willehelmus comes de Lutisburch;* et horum pater fuit Christinus comes, frater Gebardi de Querworde (v. Stammtafel). Graf Christin, Bruder Gebhard's von Querfurt, war also der Vater des Grafen Wilhelm von Ludisburg. Weiter zeigt die Stammtafel einen Grafen Dietrich II. von Querfurt, welcher c. 1120 Ludisburg — vermuthlich seinen ererbten Theil der Grafschaft daselbst — in eine Benediktiner-Abtei umwandelt. Dietrich's Nachkommen führen leider nur das Wappen und nicht den Namen Querfurt, da aber die nicht ferne von der Stadt Querfurt gelegene Abtei Ludesburg (Lodersleben) aber 1147 unmittelbar vor deren Thoren nach Eilwardsdorf, als Hauskloster, von Burchard II. verlegt wurde, so lässt sich annehmen, dass von dieser eingegangenen, kleinen Grafschaft auch der Titel auf das ältere regierende Haus Querfurt übergieng. Titelübertragungen dieser Art sind ja sehr häufig vorgekommen. Das sich nach der kleinen Dorfherrschaft Uerslingen im Schwarzwald nennende Geschlecht wurde von Kaiser Friedrich I. mit dem Herzogthum Spoleto in Mittelitalien belehnt, nach dem Falle der staufischen Macht in Italien (C. von Staelin, Wirtemberg II, S. 586) übertrug die Familie den Titel auf die kleine Stammherrschaft im heutigen Oberamt Rotweil und nannte sich bis zum Erlöschen, um die Mitte des fünfzehnten Jahrhunderts, Herzoge von Uerslingen. Allerdings nur mit dem Range der Grafen, wie uns die höchst merkwürdige Reichsmatrikel (nach welcher auch Magdeburg zu den Reichsstädten gerechnet wird) vom Jahre 1422 bei J. Aschbach, Siegismund, Schluss des dritten Bandes, lehrt. Wenn nun die regierenden Herren zu Querfurt den gräflichen Titel nur selten führen, so liegt darin nichts auffallendes; einige, auch Dienstmannen, verschmähten ja denselben ganz. So wird bei Böhmer, reg. imp. Band 1198—1254, S. 90 von König Friedrich II. am 26. Oktober 1217 den bekannten Reichsdienstmannen und Kämmereren von Minzenberg ihre eingezogen gewesene Grafschaft zurück gegeben, ohne dass ihr Stand und ihre Stellung dadurch verändert wurden, nur führten sie Reitersiegel; und die fontes rer. Austr. Abtheilung II, B. XXXIV, S. 89—90 bringen Urkunden, nach welchen im Jahre 1230 dominus Arnoldus (IV.) de Rodank inclitus, *ministerialis Brixinensis ecclesie* seine Grafschaft Ras — verschenkt. Konrad's Familie darf also mit voller geschichtlicher Berechtigung eine gräfliche genannt werden.

Einige, z. B. Dr. H. Abel, Philipp der Hohenstaufe, S. 356, und Freiherr von Ledebur, die Grafen von Falkenstein, S. 71, der ihn noch Bischof von Speier, Regensburg und Metz werden und erst 1222 sterben lässt, halten ihn für denjenigen Konrad, Kaplan Kaiser Friedrich's I. welcher 1183 Bischof von Lübeck wurde und nach 1185 dort verzichtete. Diese Auffassung kann ich aber ebenso wenig theilen, wie diejenige Th. Toeche's (Heinrich VI, S. 27 ff.), nach welcher *Konrad von Querfurt*, Kaplan Friedrich's I., mit Gottfried von Viterbo und Heinrich von Kalentin, Erzieher des im Jahre 1165 geborenen jungen König Heinrich gewesen sein soll. Diese Angaben beruhen wohl alle auf der Chronik Arnold's von Lübeck (bei G. Leibnitz, B. II, S. 658). Dort wird sehr ausführlich berichtet, wie der Kaiser, um das Gedeihen des jungen Bisthu-

mes zu fördern, demselben seinen Kaplan Konrad,
einen sehr gelehrten, und redefertigen Mann — virum
litteratum valde et *facundum*, et in causis tractandis
acerrimum oratorem — zum Bischofe bestellt, und demselben bei dem Schlosse Eger die Investitur ertheilt,
wie dieser aber, selbst in einer Zusammenkunft mit
dem Papste in Verona, der Ertheilung der Weihe aus-
gewichen sei. Nachdem Konrad später in Streit mit
dem Grafen Adolf (von Schauenburg) gerathen, ohne
vom Reiche Unterstützung zu erhalten, habe er sich
in seine frühere Stellung zurückgesehnt — coepit animo
paulatim *ad sua* remigare — und habe, weil er nach
höherem zu streben schien — quia *majora aspirare* vi-
debatur — in die Hände des Erzbischofes von Bremen
auf sein Bisthum Verzicht geleistet. Diese Angaben
Arnold's von Lübeck stimmen so auffallend mit den
hervorragendsten Eigenschaften unseres Konrad über-
ein, von dessen Gelehrsamkeit und Redekunst — tanta
ornatus scientia et eloquentia praepollens — später
Papst Innocenz (bei L. G. de Bréquigny, dipl. vol. II,
S. 223) spricht, und welcher erst die Weihe nahm, als
er 1197 zum Bischof von Wirzburg gewählt worden
war, dass man annehmen muss, Kaiser Friedrich habe
hintereinander zwei Kaplane mit gleichen Namen und
Eigenschaften gehabt — und Arnold von Lübeck habe
geglaubt, der Bischof von Lübeck, welcher nach höherem strebte, sei der Kanzler gewesen, dessen Eigenschaften er erst später aufzeichnete. Dieser ältere
Konrad, Kaplan Friedrich's I., welcher 1183 Bischof
von Lübeck wurde, wird auch der Erzieher des König
Heinrich gewesen sein, während der unsrige — urkundlich zum ersten Male 1812 genannt — für diese
Stellung schon an Jahren zu jung erscheinen muss.
Dass er aber unmöglich jener Bischof von Lübeck gewesen sein kann, dessen Nachfolger, Theodorich, Arnold von Lübeck auch (bei G. Leibnitz, II, S. 665)
ganz unrichtig schon 1184 erwählt werden lässt, ergiebt sich daraus, weil der bei J. Ficker, Forschungen

zur Reichs- und Rechtsgeschichte Italiens §. 185 am
22. Jänner in Piacenza und am 7. April und 28. November in Pavia im Jahre 1185 genannte Vicarius
curie Conradus Lubicensis electus mit dem in meinen Regesten am *17. Mai 1185 — und noch drei Mal
in dem gleichen Jahre* — unter den Domherren in
Magdeburg vorkommenden Conradus frater burgravii
nicht ein und dieselbe Person sein kann. Die Bischöfe
von Lübeck, Schwerin und Ratzeburg empfiengen zwar
die Investitur von den Welfen — waren also keine
Reichsfürsten — allein dieses Verhältniss währte nur
bis zum Sturze Heinrichs des Löwen, und, wie wir gesehen haben, hatte Konrad dieselbe 1183 bereits vom
Kaiser erhalten. Auch ist unser Konrad am Hofe
des Kaiser Friedrich vor dem Jahre 1188 gar nicht
nachweisbar, und seine Stellung in der Zeugenreihe
eine zu tiefe. Ein gewesener Biscof von Lübeck und
Hofvicar könnte namentlich nicht wohl 1188 zwei Mal
als letzter Zeuge hinter niederen Geistlichen von Kaiser Friedrich aufgeführt worden sein.

Seit 28. August 1188 finden wir nun Konrad häufig
in der Begleitung des Kaisers, und seit 1. September
dieses Jahres als Hofkaplan. Am 19. September ist
er bereits Probst von St. Simon und Judas zu Goslar,
scheint aber seine Reichsprobstei nicht zu längerem
Aufenthalt gewählt zu haben, denn wir finden ihn bis
zum 10. Mai 1189 zu Regensburg im Gefolge des Kaisers. Hier bei dem Aufbruch des Heeres nach Palestina, wird er sich von Friedrich, und seinem Bruder
Burchard von Magdeburg, welche er beide nicht wieder sehen sollte, verabschiedet haben; denn während
des Kreuzzuges ist er im Frühjahr 1190 bei König
Heinrich in Frankfurt und in demselben Jahre auch
noch in Magdeburg. Ob er den König 1191 auf seiner Krönungsreise nach Rom und auf seinem ersten
Feldzuge gegen König Tankred von Sicilien bis zur
Aufgabe der unglücklichen Belagerung von Neapel
begleitete, ist ungewiss, da wir ihn in diesem Jahre

— allerdings ohne Datum — drei Mal als Zeuge des
Erzbischof Wichmann zu Magdeburg finden. Unter
den Bekanntesten, welche in Italien zurückblieben, ist
er aber auch nicht, denn F. v. Raumer, (Geschichte
der Hohenstaufen zweite Auflage 1841 B. II, S. 544.)
sagt, dass Kaiser Heinrich, nachdem die Belagerung
von Neapel der Krankheiten wegen am 24. August
1191 aufgegeben worden war, Besatzungen in den
wichtigsten Plätzen des Landes zurückliess, bevor er
nach Deutschland zurückkehrte, und zwar: *in Capua,
Arce und Sora unter Konrad von Lützelinhard, Diepold*
(Markgraf von Vohburg) *und Konrad von Marley.*
Nach Th. Toeche, (Heinrich VI, S. 310), wurde Capua,
kurz nachdem der Kaiser Apulien verlassen hatte,
vom Grafen von Acerra, König Tankred's Schwager,
eingenommen. Konrad von Lützelhard, welcher sich
im Castell noch einige Zeit gehalten hatte, musste dasselbe aus Mangel an Lebensmitteln übergeben und erhielt mit den Deutschen freien Abzug. Er war es auch,
welcher gegen Ende des Jahres 1192, seiner sonder-
baren Einfälle wegen, mit dem Beinamen musca in
cerebro, den Cardinal-Bischof von Ostia bei Siena
gefangen genommen hatte, weil (nach J. P. Migne,
Patrologiae cur. comp. series latina Vol. 216, XXIX,
registrum de negotio Romani imperii, S. 1029.) Kaiser
Heinrich einen Jeden festzunehmen und zu bestrafen
befohlen hatte, welcher auf der Strasse nach Rom an-
getroffen werden würde.

Jedenfalls müsste Konrad dem Kaiser im folgenden
Jahre nach Deutschland gefolgt sein, denn vom 27. Oktober 1192 bis 19. April 1194 begegnen wir ihm in
zahlreichen Urkunden als Zeuge auf dessen Zügen gegen die nordischen Fürsten, und während der Verhandlungen über das Lösegeld des König Richard
von England. Das hochmüthige Benehmen dieses Fürsten während seines Kreuzzuges mit dem vereinigten
Heere von Deutschland und Frankreich (1190—1192),
ganz besonders aber seine Eroberung der Insel Cypern

(1191), welche Kaiser Heinrich längst als den ersten
Boden für die grossen Pläne der Ausdehnung seiner
Macht im Orient ausersehen hatte, gaben die Veranlassung, dass er bei seiner Rückkehr aus dem heiligen
Lande von dem Herzog Leopold von Oesterreich, dessen Banner er in Palestina beschimpft hatte, im September 1192 bei Wien gefangen genommen, und später an Kaiser Heinrich ausgeliefert wurde. Richard,
welcher aus Uebermuth in Verkleidung das Land seines beleidigten Gegners durchzogen haben muss, scheint
den Ausgang eines ähnlichen romantischen Rittes vergessen zu haben. Nach der Chronik der Abtei Fonte-
vrault an der Loire, der Gruft des Hauses Plantagenet,
sprengte — wenige Tage nach der Beisetzung König
Heinrich's II. von England — ein Reiterhaufen zu der
Kirche daselbst. Der Führer hatte den Sarg des König's su heben und zu öffnen befohlen, und als er sich
nun über denselben beugte, bewegte sich zum Schrec-
ken des Gefolges plötzlich der Mund des Todten und
spie einen Strahl Blutes in das Gesicht seines Nachfolger's: den Segen des Vaters, welchen Richard bis
zu seinem Ende befehdet hatte! Wegen seiner Tapfer-
keit später „Löwenherz" genannt, sind ihm — gleich
dem welfischen Löwen — von den Geschichtschreibern
manche Fehler nachgesehen worden, viel ist namentlich Kaiser Heinrich VI. getadelt, weil er in den langen Verhandlungen über seine Freilassung den ritter-
lichen Richard mit zu grosser Härte behandelt habe.
Heinrich, der feine Staatsmann, wollte aber gewiss
nicht den König von England demüthigen, sondern
dessen Schwager, den unversöhnlichen Reichsfeind
Heinrich von Braunschweig — eines Bundesgenossen
berauben! Nach Th. Toeche (Heinrich VI, S. 262 und
282) soll Konrad, Probst von Goslar, wie die annales
Anglicani Rogeri de Hoveden berichten, zu Wirzburg und Worms einen besonders regen Antheil an
jenen Verhandlungen genommen haben. Allein Konrad
wird hier wieder der Erzieher des Kaiser Heinrich

genannt, der er nicht gewesen ist, und ich würde der
chronikalen Erzählung wenig Glauben schenken, wenn
ihn meine Regesten nicht am 28. und 29. Juni 1193
wirklich in Worms anwesend nachwiesen. Die Be-
dingungen für die Freilassung des König Richard
scheinen hart, sollten aber wohl nur eine Unterstützung
Heinrich's des Löwen während des bevorstehenden
Zuges nach Sicilien unmöglich machen: denn der staats-
kluge Kaiser Heinrich musste voraussehen, dass eine
dauernde Abhängigheit Englands vom Reiche nicht
zu behaupten sein würde. Richard sollte 100.000 Mark
zahlen, 50 ausgerüstete Kriegsschiffe, 100 Ritter und
50 Bogenschützen stellen; und ausserdem als Vasall
des Reiches dem Kaiser mit der gleichen Macht für
die Eroberung des normännischen Reiches dienen.
Endlich sollte er noch gewisse Verpflichtungen gegen
seinen Schwager, Heinrich den Löwen von Braunschweig, zu Gunsten des Kaisers eingehen, allein dies
wies Richard zurück.

Seit 28. Februar 1194 wird Konrad auch Probst
von Aachen genannt, und am 18. und 19. April dieses
Jahres ist er mit dem Kaiser daselbst. Nach Th.
Toeche (Heinrich VI, S. 307) soll er von dort, aber
wieder als ehemaliger Lehrer desselben, mit Heinrich
über die Maas bis nach St. Trond gegangen sein, um
mit den Lothringischen unzufriedenen Grossen einen
Waffenstillstand abzuschliessen. Am 1. Juni 1194 zeugt
er nach einer sehr gefälligen Mittheilung des Königlichen Staatsarchiv zu Magdeburg in einer Urkunde
als Probst von Aachen, Goslar und „St. Nicolai" in
Magdeburg, nach G. Hertel's Urkundenbuch des Klosters unserer lieben Frauen „von St. Marien" daselbst.
Da nun Konrad in Aachen am 19. April Zeuge ist,
so müsste er von dort nach Magdeburg zurückgekehrt,
und später allein dem Kaiser gefolgt sein, denn dieser brach zu seinem Siegeszuge nach Sicilien schon am
12. Mai mit dem Heere von Trifels auf. Ich war lange
im Unklaren ob wir in dem Probst von Goslar und

von Aachen überhaupt unseren Konrad vor uns haben. Da aber nach J. Ficker, vom Reichsfürstenstand §. 250, die RPröbste von Goslar und Aachen auffallender Weise nicht wie die Aebte der Reichsabteien auch dem Reichsfürstenstande angehörten, so ist es mit dem Stand nicht unverträglich, dass Konrad, der bereits 1188 Probst von Goslar war, 1190 und 1191 nur Probst von St. Nicolai in Magdeburg genannt wird und 1194 daselbst eine so tiefe Stellung in der Zeugenreihe einnimmt. Wenn wir nun Konrad als Kanzler des Kaiser Heinrich am 30. März 1195 auf dem Reichstage zu Bari finden, so verdankte er diese neue, einflussreiche Stellung wohl ebenso sehr seinen persönlichen Eigenschaften, als dem Rang seiner Familie, welche in unverbrüchlicher Treue in allen Zeiten zu den Staufen hielt; — seinen Vater Burchard III., Burggraf von Magdeburg, kann ich allein fünfzehn Male in Urkunden Kaiser Friedrich's I. nachweisen — und ebenso waren seine Brüder Burchard IV. und Gebhard IV. in hohem Ansehen, wie durch ihre Zeugenstellung hervorgeht. Ausserdem standen, wie wir später sehen werden, die Häuser Staufen und Querfurt in einem Verwandtschaftsverhältnisse. Dass er aber auch wirklich derselbe Konrad ist, welcher bisher als Bruder des Burggrafen von Magdeburg Domherr zu Magdeburg, Probst zu St. Nicolai daselbst, und Probst von Goslar und von Aachen uns beschäftigt hat, bekundet seine Verwandtschaft mit den Staufen, welche ich am geeigneten Orte beweisen werde, sowie das Beileidschreiben, welches der Papst Innocenz am 8. Juli 1203 nach seinem Tode an den Burggrafen Gebhard von Magdeburg und dessen Verwandte richtete. Heinrich trachtete auch bald seinem Kanzler den, ihm nur als solchem noch nicht zukommenden, Reichsfürstenstand zu verschaffen, denn schon seit 28. November 1195 heisst er Erwählter von Hildesheim. Ich kann mich aber nicht entschliessen den Kanzler mit Hofrath Ficker (Forschungen zur Reichs-

und Rechtsgeschichte Italiens §. 280, und vom Reichsfürstenstand §. 120, 124 und 253) Reichskanzler zu
nennen. Die Deutschland berührenden Urkunden fertigte er für den Erzkanlzer dieses Theiles des Kaiserreiches, den Erzbischof Konrad von Mainz, die Italien
angehenden für den Erzkanzler, Erzbischof Adolf von
Köln, die für Burgund im Namen des Erzkanzler, Erzbischof Einhard von Vienne, und endlich die das Königreich Sicilien betreffenden in Gemeinschaft mit dem
Kanzler dieses Reiches, dem Bischof Walter von Troia.
Konrad war der Vorstand der kaiserlichen Hofkanzlei,
und ich ziehe es vor, ihn einfach als Kanzler zu bezeichnen. Der Kaiser nun war nach Schluss des Reichstages von Bari heimgezogen, und Konrad muss ihm
bald gefolgt sein, denn am 24. August ist er *Zeuge*
des Kaisers in Hagenau. Damit stimmt allerdings nicht
die Angabe Arnold's von Lübeck, (bei G. Leibnitz,
II, 703), der Kaiser habe im *August* 1195 an den Kanzler in *Apulien* — qui tunc ibi erat, negotiis imperia-
libus detentus — Boten gesandt und ihm sagen lassen,
er möge Schiffe für das Kreuzheer sammeln; da aber
(nach dem Chronicon S. Petri Erfurd. 232) Konrad am
28. Oktober 1195 noch zu *Gelenhausen* mit dem Kreuz
versehen worden sein soll, so nehme ich an, dass sich
die Nachricht Arnold's von Lübeck auf das *folgende
Jahr* bezieht, in welchem Konrad ununterbrochen in
Italien war, oder dass die Boten des Kaisers ihn nicht
mehr antrafen, denn in Hagenau muss er am 24. August
als Handlungszeuge zugegen gewesen sein. Wie lange
er in Deutschland blieb, ist nicht mit Gewissheit zu bestimmen, da er aber zum Generallegat von ganz Italien
(nach J. Ficker, Forschungen zur Reichs- und Rechtsgeschichte Italiens II, §. 275 ein Statthalter, welcher alle
Hoheitsrechte des Reiches ausübte) ernannt wurde,
und als solcher am 20. Januar 1196 zu Borgo San
Donnino anordnet, dass zwischen den Städten Mailand
und Cremona, und deren Bundesgenossen, für dreissig
Tage nach Ankunft des Kaisers in Italien die Waffen

ruhen sollen; und den Einwohnern von Cremona und
Piacenza befiehlt, dass sie gegenseitig die Kriegsbeute
austauschen mögen, so muss er sich gegen Ende des
Jahres 1195 auf den Weg begeben haben. Nach dem
unter Kaiser Heinrich VI. üblichen Kanzleigebrauch
wurden die, während der Abwesenheit des Kanzlers,
in Deutschland und Burgund ausgestellten Urkunden, doch mit seinem Namen versehen. Vielleicht war
er in einem solchen Falle aus Versehen am 13. November 1195 Johannes genannt worden, als an diesem
Tage in Worms die Erhebungsurkunde für Pfeffers zu
einer Reichsabtei ausgefertigt wurde. Indessen mochte
er auch noch diesen zweiten Taufnamen führen, welcher seit dem Ende des 13. Jahrhunderts in seinem Geschlechte so sehr häufig vorkommt, denn auch nach
dem Regeste vom 7. November 1202 wird er Bischof
J. v. Wirzburg genannt. Dass doppelte Taufnamen
schon zu so früher Zeit vorgekommen sind, beweist
z. B. die Urkunde aus dem Jahre 1239, welche (im
Wirtembergischen Urkb. B. III. S. 441) unter den
Zeugen den sehr bekannten Ottobertold, dapifer de
Walpurc nennt. H. A. Lüntzel, (Geschichte der Diöcese und Stadt Hildesheim B. I, S. 486) berichtet, dass
Konrad am 5. December 1195 bei Worms (nach Sonne-
mann lic. legit. def. eccl. s. Andr. Anl. 1.) einige Erwerbungen der St. Andreaskirche zu Hildesheim bestätigt habe und dann (ohne Quelle) von dort noch selbst
in sein Bisthum gekommen sei und auf dem Chore
der Jungfrau Maria in der Domkirche in einer Urkunde, ohne Tag, dem Kloster Stederburg ein Gut
zu Stedern verliehen habe. Diese letztere Angabe ist
aber schon desshalb schwer glaublich, weil es nicht
wohl möglich gewesen wäre, dass er am 20. Januar
1196 in San Donnino bei Parma hätte urkunden können, wenn man die Schwierigkeiten einer solchen Win-
terreise durch die Alpen und noch den Umstand er-
wägt, dass Oberitalien, nach seinen eigenen Urkunden,
in hellen Kriegsflammen stand. Wahrscheinlicher sind

2

in diesem Falle ein Mal die chronikalen Nachrichten, (B. I, S. 493,) Konrad sei viel in Geldnoth gewesen und habe beträchtliche Verpfändungen vorgenommen, dagegen aber auch das Vogteirecht über die Stadt Hildesheim wieder eingelöst und später den Kirchenschatz des Bisthumes durch Geschenke, namentlich aus dem Orient, bereichert. Auf seiner Reise berichtet er sehr ausführlich über die Orte, welche er berührte, dem Probst von Hildesheim, seinem ehemaligen Erzieher, absichtlich aber scheint er es zu vermeiden über den Ernst seiner Sendung zu sprechen. Mit Stillschweigen übergeht der gefühlvolle deutsche Staatsmann die Opfer, welche die neue wichtige Umgestaltung der Halbinsel auferlegt, und nur durch seine Zeitgenossen erfahren wir, mit welcher Sorgsamkeit er bemüht war, die dem eroberten Lande geschlagenen Wunden zu heilen. Er war über den Brenner, Mantua, den Rubico und Sulmo nach Apulien gegangen. Wenn er zwischen Cannae und Neapel einen Parnassus und Olymp gesehen haben will, so möchte ich daraus noch nicht mit Th. Toeche und Dr. Laurent folgern, dass er deren eigentliche Lage nicht gekannt habe. Nach dem ersten Bande der Florentinischen Geschichte von N. Macchiavelli gehörte fast ganz Italien, südlich von Benevento, bis in das 11. Jahrhundert dem morgenländischen Kaiser in Konstantinopel. Um die Mitte desselben, berichtet er, zog der tapfere Wilhelm der Normannen, welche schon seit dem 10. Jahrhundert einen Theil der Romagna besassen, mit Melorko, dem Statthalter des griechischen Kaisers in Apulien und Calabrien, und den Fürsten von Capua und Salerno nach Sicilien, um die Araber zu vertreiben, welche seit fast drei Jahrhunderten Herren dieser Insel waren. Als aber nach glücklichem Ausgange Melorko die seinen Verbündeten zugesagte Theilung des eroberten Gebietes nicht hielt, dasselbe vielmehr mit aus Griechenland herbeigeeilter Hilfe für das Kaiserreich allein behielt, gieng

Wilhelm nicht in seine Lande zurück, sondern vertrieb die griechischen Befehlshaber aus Apulien und Calabrien, und setzte sich dort in Besitz. Bald dehnte sich sein Reich bis an die Westküste aus, und als später sein Neffe Ruggero auch Sicilien erobert hatte, war das Normannische Reich in dem Umfange vereint, wie Kaiser Heinrich dasselbe als das Erbe seiner Gemahlin Constanzia durch die Krönung in Palermo im Jahre 1194 in Besitz genommen hatte. Diese letztere hatte aber bereits den Schleier genommen, und musste vom Papste zuvor ihres Gelübdes entbunden werden. Tankred, welcher ihr nach des letzten Normannen Königs Wilhelm II. Tode den Besitz streitig machte, war ausser der Ehe geboren, von den Sicilianischen Grossen erwählt worden und hatte kein Erbrecht auf 'die Krone. Allein schon sein Sohn Wilhelm III. wurde unbeliebt, und als Kaiser Heinrich im Sommer 1194 nach Italien kam, wurde er in Apulien und Calabrien beinahe wie ein Befreier empfangen, schnell fielen Capua und Neapel, und nur in Sicilien musste ein ernsterer Widerstand durch die Schlacht von Catania von dem Marschall v. Calentin-Pappenheim gebrochen werden.

Der Fall der griechischen Herrschaft hatte sich also erst kurz vor Konrad's Zeit vollzogen, und es ist wohl sehr wahrscheinlich, dass diese Einwanderer aus der Heimath die geliebten Namen des Parnassus und Olymp etc., auf italienischen Boden übertragen hatten. Konrad's Erstaunen über die Wunder des Virgil erklärt sich dadurch, dass derselbe von der christlichen Kirche dieser Zeit als ein Verkündiger des Messias gefeiert wurde, und wenn er auch an Virgil, den Zauberer, glaubt, so muss man erwägen, dass dies dem Geiste seiner Zeit zugeschrieben werden muss. Von Neapel zieht er durch Calabrien, und da er die alten Benennungen für die Lande befolgt, so wird er sich demnach in Brindisi, Bari, oder Otranto nach Sicilien eingeschifft haben, denn alle diese Häfen zählten bei den Römern zu Calabrien.

Nachdem er diese Insel ganz umfahren und eine recht lebhafte Beschreibung des Etna gegeben hat, kehrt er auf das Festland zurück, und wird in Salerno gelandet sein, weil er hier am 30. Juni eine Urkunde ausstellt. Uebrigens enthält sein Brief, dessen Uebersetzung ich mit einigen Erklärungen in die Regesten einreihe, auch viel Lehrreiches. Namentlich sah er noch wohl erhaltene Ueberreste der Bäder des Virgil zu Baja, von denen nichts mehr steht, und ebenso lässt seine Beschreibung der Insel Ischia auf Verschüttungen durch vulkanischen Ausbruch schliessen, deren Ueberreste sein Gefolge unter der Erde besichtigt. Auch von den Resten dieser unterirdischen Städte und Dörfer findet sich nichts mehr. Ich fahre nun fort Konrad's staatsmännisches Leben zu verfolgen.

Aus der ganzen Zeit, während welcher er Legat in Italien war, besitzen wir nur drei von ihm ausgestellte Urkunden, zwei vom 20. Januar und die dritte vom 30. Juni 1196. Den Inhalt der beiden ersten habe ich bereits berührt, und in der letzten bestätigt er bei Salerno eine der Kirche von Minori gemachte Schenkung. Nur in diesen dreien nennt er sich „totius Italiae et regni Siciliae et Apuliae legatus". Bald darauf gieng wohl seine Amtsthätigkeit zu Ende, weil der Kaiser selbst über Burgund nach Turin gekommen war, wo wir ihn am 28. Juli finden. Ueberhaupt scheinen die staatsmännischen Dienste Konrad's nicht allein benützt zu sein; der älteste Vertraute des Kaisers für solche Zwecke (nach Dr. Prinz, Markward von Anweiler) war Markward von Anweiler, Reichstruchsess, Herzog von Ravenna etc. So wird derselbe z. B. schon 1194 an den Erzbischof von Magdeburg entsendet, bald darauf vermittelt er zwischen Pisa und Genua, später, wie es scheint, — allerdings während des Kanzlers Abwesenheit in Italien 1196 — führte er die Verhandlungen für den Kaiser mit dem Könige von Frankreich, weil er von letzterem mit Gütern belohnt wird, und endlich war er es, der mit der Ausführung des

Testamentes des am 28. September 1197 in Messina
verschiedenen Kaisers *allein* betraut wurde.

Der Kaiser war also am 28. Juli 1196 durch Burgund in Turin angelangt, wo er aber mit dem Kanzler,
der um jene Zeit im Süden Vorbereitungen zum Empfange des Kreuzheeres machte, zusammentraf, wissen
wir nicht. Das Jahr 1196 schloss ohne ein besonders
wichtiges Ereigniss und eben so begann auch das folgende. Am 20. März 1197 nennt sich Konrad in einer
von ihm selbst ausgestellten Urkunde, in welcher er
den Behörden von Bari verbietet von den Leuten des
heiligen Nicolaus daselbst Galeerensteuer zu erheben,
zum ersten Male Bischof von Hildesheim. Er blieb
nun in Italien und Sicilien bis zur Einschiffung des
Kreuzheeres in Messina. Am 28. Mai, während der
Aufregung in Sicilien, ist er Zeuge und Aushändiger
einer Urkunde, welche schon ihrer sehr merkwürdigen
Schlussformel wegen, und weil dieselbe von mehreren
Forschern in das Jahr 1196 gesetzt und für unecht
erklärt wurde, eine längere Erklärung nöthig machte,
die ich bei dem Regeste angebracht habe. Ich lege
einen Werth darauf namentlich aus dem Grunde, weil
von der Echtheit oder Unechtheit dieser Urkunde
das Stadtrecht von Coesfeld in Westfalen abhängt.
Am 22. Juni weihete Konrad noch mit grosser Feierlichkeit und in Gegenwart vieler geistlicher und weltlicher Fürsten die St. Nicolai Kirche zu Bari in Apulien und gieng dann nach Sicilien zurück, wo die Strenge
des Kaisers gegen die wankelmüthigen Grossen von
neuem diese Insel in solche Aufregung versetzt hatte,
dass auch Konrad's Gegenwart nothwendig wurde.
Er war, wie es scheint, während der Unterdrückung
des Aufstandes daselbst sehr beschäftigt, denn am
3. August fertigt er im Innern eine Urkunde, in
welcher der Kaiser seinen Marschall Heinrich von Kalentin mit Gütern bei Neuburg an der Donau belohnt.
In dieser Urkunde, welche ganz unverdächtig ist, nennt
sich der Kanzler: *Ego Conradus Puldeneshofer.* Wenn

wir nun gesehen haben, dass an seiner Zugehörigkeit
zum Querfurter Stamm nicht gezweifelt werden kann,
er sich aber auffallender Weise niemals so nennt, so
müssen wir besonderes Gewicht darauf legen aus seiner eigenen Feder seinen Namen zu erfahren. Und
wenn auch nach J. Ficker. Beiträge zur Urkundenlehre
§. 291, mit der hohen Machtstellung der Kanzler in
der staufischen Zeit nicht mehr vereinbar blieb, dass
sie alle Urkunden — wenigstens nicht in der Reinschrift — selbst unterzeichneten, so ist von einem Be-
amten der Kanzlei doch nicht zu erwarten, dass er
eine Namensfälschung seines Vorgesetzten verübt haben sollte. Es war im 12. Jahrhundert ein ganz ge-
wöhnlicher Gebrauch, dass Personen sich nach einer
neu erworbenen Besitzung nannten, und dass der eigentliche Stammname abgelegt wurde. Konrad behielt gewiss, wie immer in solchen Fällen, sein Familienzei-
chen — das Wappen, nannte sich aber nach einem
Hof, dessen Namen wir vielleicht in einer der Ort-
schaften Pullenried und Pullenreuth in der bayerischen
Oberpfalz (Gegend bei Regensburg) wiederfinden.
Riuti, Reuth (nach Dr. O. Schade's altdeutschem Wör-
terbuch) durch Reuten, Ausreissen, urbar gemachtes
Land, und Ried, Hriot, ist Sumpfgras. Pullenreuth und
Pullenried ist demnach Pullenland, Pullensumpf, und
Pullenhof nichts anderes als der Sitz desjenigen, welcher
die Urbarmachung unternommen. Auch ist nicht zu
übersehen, dass der Kanzler sich gerade nach jenem
Orte in einer Urkunde nennt, in welcher dem Marschall in nicht zu grosser Entfernung Schenkungen
gemacht werden, gleichsam wie ein Gruss an die Heimath. Conrad Puldeneshofer aber heisst in der Mund-
art dortiger Gegend nichts anderes als C. von Pul-
deneshof, Pullenhof. Es war sehr gebräuchlich die
Endungen der Familiennamen in dieser Weise zu schreiben. So sind der Herzoge von Bayern Zeuge 16. Oktober 1285 (Quellen und Erörterungen zur deutschen
und bayerischen Geschichte B. V, S. 391) der Halsär

(Albert Graf von Hals), der Abenspergaer (Ulrich Edelherr von Abensberg), der Leonberch (Berengar Graf von Leonberg), 24. April 1296 (Ried, codex dipl. Ratisp. I., 607) Chunrat der Preisinger. 4. Oktober 1324 (Quellen und Er. B. VI, S. 282) Chunrat der Frawenberger, Alhart der Frawenhofer etc. Alle diese Namen gehören der Oberpfalz oder dem angrenzenden Niederbayern an. Konrad führt also einen Namen, der weder Querfurt noch Ravensburg ist, gehört aber dennoch dem ersteren Hause an. Der Kanzler muss also einen Landstrich in der Oberpfalz geerbt oder erworben haben, nach dessen Wohnsitz er den Namen Pullenhofer führte. Edel, *reich und mächtig*, geistreich (oder erfinderisch), fleissig und klug nannte man ihn ja (nach Muratori, rerum Italicarum scriptores, B. III, S. 502) später am Hofe seines Jugendfreundes Pabst Innocenz III.! Kehren wir nun zu dem Kreuzheere zurück. Ich habe bereits angeführt, dass in demselben ausser Konrad noch seine beiden uterini fratres Gebhard und Gerhard sich befanden; wahrscheinlich auch noch ein Bruder, Wilhelm, Probst von Goslar. Konrad selbst, vom Kaiser als Leiter der ganzen Unternehmung eingesetzt, schiffte sich am 1. September, mit grossen Reichthümern an silbernen und goldenen Schüsseln zu seinem Gebrauch, ein, um (nach Th. Toeche, Heinrich VI., S. 461 ff.) zunächst in Cypern den König dieser Insel zum Lehensfürsten des deutschen Reiches zu krönen. In diesem goldenen Tafelgeschirr sucht Th. Toeche einen Beweis für Konrad's Prunksucht, von der man sonst nichts weiss, zu finden. Welchen Begriff würden aber wohl die an den Glanz des Morgenlandes gewöhnten Grossen von dem neuen Lehensherrn bekommen haben, wenn dessen Vertreter sie bei einer so grossen Feierlichkeit auf gewöhnlichem Geschirre bewirthet hätte. Es stand ja auch noch die Krönung des Königs von Armenien zum Reichsfürsten in Aussicht — und die goldenen Schüsseln und Schalen waren demnach wohl sehr nothwendig! In Syrien

gieng später viel Zeit verloren, namentlich durch die
zweimonatliche Belagerung der Burg Toron und als
der Kriegsrath der Fürsten — schon uneinig durch
die Todesnachricht des Kaisers, welcher am 28. September zu Messina verschieden war — angeblich am
1. Fecruar 1198 den Sturm beschloss, brach Konrad
plötzlich auf, und schiffte sich ein. So war der Kreuzzug gescheitert und es erscheint mir nicht wahrscheinlich, wie Th. Toeche (S. 465) angibt, dass noch in Syrien die Stiftung des deutschen Ritterordens, bei welcher auch der Kanzler betheiligt gewesen sein soll,
zur Ausführung kam, denn im März 1198 war dieser
nicht mehr dort. Einige wollen sogar behaupten, dass
Konrad die Belagerung von Toron aufgab, weil er be-
stochen war. Allein dafür ist nicht der geringste Beweis vorhanden, und ich möchte ganz andere Gründe
für seine plötzliche Abreise annehmen. Zunächst musste
ihm bei der allgemein herrschenden Verwirrung nach
Heinrichs Tode daran liegen, bei der neuen Königswahl der Sache der Staufen an Ort und Stelle dienen
zu können und das Kreuzheer für andere Zwecke zu
schonen. Dann aber wissen wir aus der schon mehrfach angeführten Stelle der Reinhardsbrunner Annalen,
dass er um jene Zeit zum Bischof von Wirzburg gewählt und geweihet war, und es lag ihm gewiss viel
daran, diesen bischöflichen Stuhl sowohl, wie das
Kanzleramt, zu behalten, denn er kehrte mit — für
damalige Zeit — ganz unglaublicher Schnelligkeit zurück: im Mai finden wir ihn schon in Nordhausen und
im Juni bei König Philipp in Worms. Er möchte aber
Syrien doch wohl schon früher verlassen haben als
die Angabe bei Toeche uns lehrt. So war denn Konrad von dem leidenschaftlichsten, in die nähesten Beziehungen, zu dem mildesten aller Staufen getreten!
Es ist bekannt, dass Philipp, welcher seinem Bruder
eine Unterstützung für das Kreuzheer zuführte und
dessen jugendlichen Erben zur Königskrönung nach
Deutschland abholen sollte, auf die Nachricht von Hein-

richs Tode umkehren musste, und nur mit grosser
Mühe sein Leben rettete. Heinrich's grosser Plan
einer deutschen Weltherrschaft hatte die Leidenschaf-
ten entfesselt, und Philipp hatte sich genöthiget gesehen die am 8. März 1198 in Mühlhausen auf ihn gefallene Königswahl anzunehmen, um seinem dreijährigen
Neffen, dem nachherigen Kaiser Friedrich II. die Nach-
folge im Reich und in Sicilien zu erhalten. In Italien
hatte die Kaiserin Konstanze schon am Tage nach dem
Tode ihres Gemahles die Verbannung aller Deutschen
angeordnet und nur mit Mühe hielt sich noch der
Reichstruchsess Markward von Anweiler an der Spitze
eines Häuflein Getreuer. In Deutschland stand es für
Philipp und sein Haus nicht viel besser. Erzbischof
Adolf von Köln hatte seine Wahl nicht anerkannt und
— weil der Herzog von Zähringen die Leitung der
Empörung nicht angenommen — willkürlich den Welf
Otto von Braunschweig, Grafen von Poitou, als Gegenkönig aufgestellt. Konrad's erste Thätigkeit bestand, wie es scheint, darin, dass er im Auftrage des
König's nach Sachsen eilte, um hier alles für die Vertheidigung vorzubereiten, denn wir finden ihn am
21. Mai in dem treuen Nordhausen. Hier übergab er
an diesem Tage dem Domkapitel zu Hildesheim die
Vogtei über das Meierding Lede. Dann kehrte er
nach dem Süden zurück, denn am 29. Juni beschwört
er in Worms ein Bündniss, welches mit dem Könige
von Frankreich geschlossen war. Nach diesem Ver-
trage war König Philipp verpflichtet, gegen König
Richard von England und dessen Neffen Otto Graf
von Poitou (Otto von Braunschweig), gegen den
Grafen von Flandern und den Erzbischof Adolf von
Köln, die gemeinsamen Feinde, den König von Frankreich zu unterstützen. Dieser Vertrag ist als eine
Schmach für das Reich bezeichnet worden, weil Philipp sich verpflichtete, auch gegen deutsche Fürsten
den König von Frankreich zu unterstützen, und weil
wir die Gegenleistungen des letzteren nicht kennen.

Die Nothwendigkeit mit Frankreich gegen den Ehr-
geiz und die abenteuerliche Kampfbegier des König's
von England sich zu sichern, war schon von Kaiser
Heinrich erkannt worden, unter dessen Regierung eine
Einigung beider Lande durch Markward von Anweiler
herbeigeführt war. Der vorliegende Vertrag ist demnach wohl als die Ergänzung eines älteren Bündnisses
anzusehen. Dass auch deutsche Fürsten in die Reihe
der Feinde aufgenommen werden mussten, ist aber
dem Führer der Empörung zur Last zu legen, welcher
mit seiner Partei den Plänen des Pabstes diente. Darüber lässt ein Schreiben in den Reichsregesten von
J. Böhmer-Ficker (S. 55) kein Zweifel. Der König
von Frankreich klagt dem Pabste, dass der König
von England, welcher vom Erzbischofe von Köln zur
Wahl eingeladen war, um jeden Preis seinen Neffen
Otto auf den kaiserlichen Thron bringen wolle, und bit-
tet ihn, da dies nur zum Nachtheile seiner Krone geschehen könne, dieses Vorhaben nicht zu dulden. Der
Pabst aber that nichts, und verletzte, wie wir sehen
werden, in unverzeihlicher Weise das unbestreitbare
freie Wahlrecht der deutschen Fürsten.

Bald entbrannte nun der Krieg in mehreren Landen. Zunächst musste Philipp den Bischof von Strassburg unterwerfen, sowie seine erste Heerfahrt am Niederrhein und der Mosel gegen die Anhänger Otto's
unternehmen. Dieser Feldzug wurde im Oktober ab-
gebrochen, weil Otto von Braunschweig selbst in Thüringen eingedrungen war, um sich der dortigen Reichsstädte zu bemächtigen. Schnell eilte der König zu
Hilfe, allein er konnte nicht mehr verhüten, dass im
December 1198 nach langer heldenmüthiger Gegen-
wehr Nordhausen in die Hände Otto's und des Landgrafen von Thüringen fiel. Dagegen entsetzte er Goslar, welches Otto vergeblich einzunehmen gesucht
hatte, in den ersten Tagen des Jahres 1199. Es ist
unentschieden, ob der Kanzler die beiden ersteren
Heerfahrten mitgemacht hat, bestimmt aber begleitete

er den König nach Thüringen. Auch scheint er an
dem nun beginnenden, zweiten Feldzuge gegen den
Bischof von Strassburg Theil genommen zu haben, da
er am 20. Septemder in Mainz war. Von dort folgte
er dem Könige auf seiner zweiten im Herbste 1199
beginnenden Heerfahrt nach Sachsen, wo der Pfalzgraf Heinrich, Otto's Bruder, namentlich das Bisthum
Hildesheim verwüstet hatte. Er war es, welcher mit
der Leitung der von Walter von der Vogelweide be-
sungenen, grossen Feierlichkeit auf dem Hoftage zu
Magdeburg, am 25. December 1199, betraut war. Auch
führte er dort, (nach W. Schatz, chronicon Halberstadense S. 67) in der Person seines Vetter, Gardolf (von Harbke) Bischof von Halberstadt, der
Sache der Staufen einen mächtigen Reichsfürsten zu,
der bis dahin zu dem Gegenkönige gehalten hatte,
von nun an aber nicht mehr als Zeuge in dessen Urkunden genannt wird. Auf diesem Zuge kam auch
Konrad ein Mal in sein Bisthum Hildesheim, wo wir
ihn am 19. Januar 1200 eine Urkunde des Königs für
das Erzbisthum Bremen über die Grafschaft Stade fer-
tigen sehen. Am 27. desselben Monates war er aber
schon wieder in Goslar und am 15. März in Nürnberg.

Während dieser ganzen Zeit hatte er schwere eigene
Kämpfe zu bestehen, setzte aber die Sache der Staufen allem voran und dachte an sich selbst erst, als,
durch den Pabst aller geistlichen Würden entkleidet,
er dem Könige nicht mehr hätte ein mächtiger Ver-
bündeter sein können. Wir haben gesehen, wie er
als Bischof von Hildesheim, während seines Kreuzzuges zum Bischof von Wirzburg erwählt war und sich
seit Juni 1198 auch so nennt. Nach dem Briefe vom
21. August 1198 hatte er aber, auf eine nicht ganz bestimmte Zusage des Pabstes Cölestin, die in Wirzburg .
auf ihn gefallene Wahl angenommen ohne auf Hildesheim zu verzichten. Dessen Nachfolger Innocenz
schritt nun 1198 gleich nach seiner Besteigung des
Stuhles Petri energisch gegen Konrad ein, welcher

weder Hildesheim noch Wirzburg aufgeben wollte.
Nachdem er schon am 21. August 1198 mit Excommunication bedroht worden, und nachdem der Pabst
ihn selbst am 22. Februar 1199 noch einmal ermahnt
hatte, wurde am 15. November 1199 der Erzbischof
Ludolf von Magdeburg und seine Suffragane, und am
26. Januar 1200 der Bischof von Bamberg, und der
Scholastiker Peter von Mainz beauftragt, die Excommunication zu verkünden. Am 6. Mai 1199 war schon
dem Domkapitel zu Hildesheim anbefohlen, zur Wahl
eines neuen Bischofes zu schreiten, und am 28. Oktober
und 24. November 1199 wird der Erzbischof Konrad von Mainz beauftragt, alle von dem gewesenen
Bischof Konrad von Wirzburg daselbst getroffenen
Anordnungen für nichtig zu erklären. Allein Konrad
nannte sich noch am 19. und 31. Januar wie am 28. Mai
1200 doch wieder Bischof von Hildesheim, weil das
Land von dem neuen Bischofe nichts wissen wollte,
und zu ihm hielt; und es wurde desshalb am 2. Februar 1200 diese starke Partei daselbst mit Excommunication bedroht. Am 27. Januar 1200 heisst er
auch noch ein Mal Bischof von Wirzburg, allein
Böhmer vermuthet, dass dies nur geschehen konnte,
weil diese Urkunde nach Fassung und Schreibweise
in Goslar nicht von der Reichskanzlei ausgestellt
worden ist. Es scheint aber doch, dass er sehr
auf die Anhänglichkeit beider Lande zählen durfte,
sonst hätte er schwerlich so lange dem Pabste Widerstand leisten und, ungeachtet der Excommunication,
sich an geistlichen Handlungen betheiligen können.
Seit jener Zeit war er nur Hofkanzler, und seine Verbindung mit Hildesheim scheint sich auf eine Präbende
daselbst beschränkt zu haben, welche der Pabst, nach
seinem Tode, am 24. Februar 1203 dem Diaconus Hermann daselbst verleiht. Am 15. März 1200 ist er noch
Zeuge des Königs Philipp auf dem Hoftage in Nürnberg und am 9. April schreibt schon Papst Innocenz,
dass er in Reue bei ihm in Rom gewesen; er muss

also mit grosser Schnelligkeit geritten sein. Wir haben aber den eisernen Konrad schon mehrere solche
Eilmärsche machen sehen! Ueber alle gegen ihn erlassenen päbstlichen Befehle sind zu vergleichen die
Regesten vom 21. August 1198, 18. Februar, 6. Mai,
28. Oktober, 15. November, 24. November 1199, 26. Januar, 2. Februar und 9. April 1200 und Juni und Oktober 1201. Sehr auffallend erscheint es mir, dass
Konrad sich am 29. September 1199 und 19. und 31.
Januar 1200 „Erwählter von Wirzburg" nennt. Das Kapitel muss ihn nach der Entsetzung sofort wieder gewählt haben, und darin werden die Entschuldigungsgründe zu suchen sein, von welchen Innocenz am
9. April 1200 spricht. Bestätigt wurde er aber erst
im Oktober 1201. Konrad hatte dem Pabste gegenüber aber ganz entschieden ein Unrecht zu sühnen,
denn sein Verhalten war nach dem kanonischen Rechte
ein ungesetzliches gewesen. Nach demselben kann
der Uebergang von einem Bisthum in ein anderes nur
mit päpstlicher Genehmigung erfolgen, und am aller-
wenigsten ist es gestattet, zwei Sitze gleichzeitig einzunehmen.

Seine Aussöhnung mit Rom scheint aber hauptsächlich nur geschehen zu sein, um, vom Kirchenbanne
befreit, mit seinem Ansehen dem Banner der Staufen
weiter dienen zu können, denn wir finden ihn ununterbrochen an der Seite des Königs, dessen Vertrauen
Konrad durch seine Reise nach Rom nicht verloren
hatte. Für seine unwandelbare Reichstreue ist wohl
der beste Beweis, dass der Pabst, wie das Regest vom
9. April nachweist, während seiner Gegenwart in Rom
noch ein Mal seine Enthebung von den bischöflichen
Sitzen in Hildesheim und Wirzburg verkündete. Und
der Brief, in welchem am gleichen Tage Otto von
Braunschweig in sehr bitteren Worten vom Pabste
die Bestrafung des Kanzler verlangt, ist gewiss auch
als Zeugniss zu betrachten, dass der letztere eine besondere Thätigkeit gegen ihn im Reiche entwickelt

haben musste. Konrad befreite sich in Rom wohl
vom Kirchenbanne, verfolgte aber fest die Aufgabe,
dem Reiche den Frieden zurückzugeben, wozu er jedenfalls von den Fürsten in Nürnberg bevollmächtigt
worden war; denn nur aus diesem Grunde wird es erklärlich, dass der Pabst ihm auch den bischöflichen
Stuhl in Wirzburg absprach. Der Kanzler schritt nun
nach seiner Rückkehr, am 28. Mai zu Speier, zur Abfassung der im März des Jahres 1200 zu Nürnberg von
den Fürsten abgegebenen Verwahrung. In erklärlicher
Entrüstung darüber, dass der Pabst den Bürgerkrieg
zu fördern nicht aufhören wollte, wurde wohl der Satz
geschrieben, welcher eine Heerfahrt nach Rom ankün-
digt; und als ein Zeichen der Bekräftigung des An-
sehens, welches Konrad durch die Anhänglichkeit seiner bisherigen Unterthanen genoss, nennt er sich auch
noch Bischof von Hildesheim. „Der Pabst wird von
den Fürsten gebeten, seine Hand nicht nach den Rechten des Reiches auszustrecken, sondern er möge vielmehr Philipp, welcher als der würdigste zum Kaiser
erwählt sei, und dessen Getreuem, dem Truchsess Markward von Anweiler, Markgraf von Ancona und Herzog von Ravenna, seine Gunst zuwenden, sie alle würden demnächst mit voller Macht nach Rom kommen,
um Philipp's Kaiserkrönung zu erlangen." Diese erste
Verwahreng der reichstreuen Fürsten halte ich aus
den obigen Gründen für das Werk des Kanzler. Professor E. Winkelmann glaubt, dass der Bischof von
Speier der Urheber und Verfasser sei, allein dieser
war noch am 18. März — nach Schluss des Hoftages
zu Nürnberg — Protonotar in der Kanzlei des König's, also ein Untergeordneter des Kanzler. Dass
der Protonotar und Konrad III. von Speier, Vice-
Kanzler, ein und dieselbe Person war, glaube ich in
der Erklärung zu dem Regest vom Mai 1199 bewiesen
zu haben. Bei der Abfassung des Schriftstückes mag
er am 28. Mai in Speier mitgewirkt haben, aber der
Urheber war er wohl nicht, sonst würde Otto von

Braunschweig über ihn, und nicht über den Kanzler geklagt haben. In einer Beilage zu Nr. 42 des Literarischen Centralblattes für Deutschland hatte ich eingehende Erklärungen über diesen Protest der Fürsten abdrucken lassen, welche ich, mit einigen Verbesserungen, dem Regest vom 28. Mai hinzufüge. Wie leicht man sich durch die Chroniken täuschen lassen kann, beweist recht klar dieser Zeitabschnitt aus Konrad's Leben. Professor E. Winkelmann, welcher, in seinem Werke Philipp v. Schwaben und Otto IV. v. Braunschweig, Konrad seit seiner Aussöhnung mit dem Pabste bei jeder Gelegenheit des Verrathes beschuldigt, aber den Beweis dafür schuldig bleibt, giebt S. 231—232 eine ausführliche Erzählung nach dem Chronikon montis sereni, Arnold von Lübeck und der Magdeburger Schöppenchronik, welche mit verschiedenen Abweichungen etwa folgendes mittheilen, um den Kanzler zu verdächtigen: Als König Philipp im August des Jahres 1200 vergeblich Braunschweig einzunehmen trachtete, soll der Magdeburger Domdechant Heinrich (von Glinden) sich auf den Weg gemacht haben: um den Kanzler Konrad, welchem der König nicht mehr getraut habe, aus dem Amte zu drängen. Konrad's Bruder, Gerard Querfurt, habe ihn desshalb überfallen und blenden lassen. Wir haben gesehen, dass der Kanzler am Weihnachtsfeste 1199, auf dem glänzenden Hoftage zu Magdeburg, dessen Feierlichkeiten er leitete, dem König Philipp in der Person des Bischof Gardolf von Halberstadt einen neuen mächtigen Anhänger zugeführt hatte. Wir wissen, dass der Gegenkönig, Otto von Braunschweig, von Lüttich aus, am 9. April 1200 nach Rom schrieb: um in den schärfesten Ausdrücken die Bestrafung des Kanzler Konrad wegen seines Betragens zu verlangen. Dies konnte doch wohl nur geschehen: weil Konrad auf dem im März zu Nürnberg, gehaltenen grossen Hoftage besonders thätig gewirkt haben muss, dass der Protest gegen die römische Begünstigung Otto's vorbereitet wurde; und wir haben gesehen, dass Konrad, nach seiner Rückkehr aus Rom, diesen Beschluss der Fürsten am 28. Mai 1200 zu Speier auch ausgeführt hatte. Diese Thatsachen lassen es doch wohl sehr unwahrscheinlich erscheinen, dass der König ein Misstrauen gegen seinen ersten Staatsmann, den treuen Diener seines Vaters und Bruders, hegen konnte, nur weil er sich vom Kirchenbanne durch eine Reise nach Rom befreite; und ein unbedeutender Magdeburger Domherr wäre mehr als verwegen gewesen, wenn er diesen gerade zu jener Zeit hätte aus dem Amte drängen wollen! Nun aber verliert diese Erzählung noch vollends allen Glauben dadurch: dass K. Janicke zu der Magdeburger Schöppenchronik, (S. 127 Anmk. 5.) eine Urkunde anführt, in welcher der Dechant Heinrich noch im Jahre 1205 Mitglied des Domkapitel war. Ein Geblendeter aber konnte doch ebenso wenig Dechant sein, wie den Kanzler ersetzen. Das Verbrechen kann also nicht vor dem Jahre 1205 ausgeübt worden sein — als Konrad schon fast drei Jahre im Grabe lag. Um nun diese Verdächtigung gegen Konrad doch aufrecht halten zu können, berücksichtigt E. Winkelmann diese urkundliche Angabe gar nicht, führt aber S. 232 Anmk. 1 eine Quelle an, welche durchaus nicht, wie er sagt, das Jahr der That 1200 feststellt: Rubrice lit. secret. pont. a III (= 1200.) nr. 167: Aepo Magd. abbati de Conratisburch et preposito Magd., quod nobilem virum G. ab excommunicationis vinculo absolvant, quam *propter excessus* in personam decani ecclesie Magd. perpetratos *dicitur* incurrisse. (Theiner, Mon. Slav. merid. I, 52.) bestätigt aber durchaus nichts. „Verübte Ausschreitungen" gegen die Person des Dechant würde man das Verbrechen einer ausgeführten Blendung nicht genannt haben, und ausserdem heisst es ganz unbestimmt, „er soll" dafür mit dem Kirchenbann belegt gewesen sein. Diese Worte bewiesen nur: dass Gerard Querfurt schon im Jahre 1200 Streitigkeiten mit dem Dechant Heinrich gehabt haben wird·

Wäre es denn denkbar, dass der letztere, wenn überhaupt, gerade den Kanzler zu einer Zeit hätte ver-
drängen wollen, in der er selbst bei dem Könige war?
Das soll aber doch nach E. Winkelmann (S. 186, gestützt auf Arnold von Lübeck) der Fall gewesen sein.
Nach seiner Angabe war es ja gerade der Verräther
Konrad, welchem es von den Anführern allein gelungen war, mit einer Abtheilung des Belagerungsheeres
bei einem Sturme ein Mal in die Stadt einzudringen.
Sehr auffallend muss es auch erscheinen, dass das wirklich zuweilen mit den urkundlichen Nachrichten über-
einstimmende, zu jener Zeit selbst niedergeschriebene
chronicon Halberstadense weder von der Blendung des
Dechant Heinrich, noch von Konrad's Gegenwart bei
der Belagerung von Braunschweig eine Mittheilung
macht.

Philipp kehrte nach dem verfehlten Unternehmen
auf Braunschweig in den südlichen Theil des Reiches
zurück. Am 27. September ist er mit dem Kanzler in
Nürnberg, und belohnt daselbst die Anhänglichkeit
des Probstes Gerard zu Altenburg. Konrad begleitete
ihn nun nach Schwaben, und gieng dann, wie es scheint,
allein nach Wirzburg, wo wir ihn am 5. Juli 1201 als
neu erwählten Bischof treffen. Wenigstens ist er während dieser Zeit in keiner Urkunde Philipp's nachweisbar. Ein trauriges Ereigniss drohte zu Ende des Jahres 1200 für die staufischen Waffen sehr verhängniss-
voll zu werden. Ende Oktober war Erzbischof Konrad von Mainz, der treue Anhänger und Rathgeber
Philipp's, aus dem Hause Wittelsbach, plötzlich gestorben. Durch welfische Anhänger, namentlich durch den
Einfluss Werner's III. von Bolanden, welcher kurze
Zeit das staufische Banner verlassen hatte, war es
gelungen, Siegfried von Eppstein als seinen Nachfolger einzusetzen, obgleich nach J. Böhmer's Regesten (1198—1254, S. 12) Bischof Lupold von Worms
mit Stimmenmehrheit erwählt worden war. Dieser
mächtige, aber nicht ehrenhaft gewonnene, neue Ver-

bündete machte es Otto möglich, bis an die Grenze
des Elsass vorzudringen. Eilig hatte sich Philipp, wie
wir gesehen haben, in sein Stammland Sahwaben begeben, um das durch Krankheiten vor Braunschweig
geschwächte Heer zu verstärken. Hier finden wir den
Kanzler noch an seiner Seite, dann aber, als Philipp
im Frühjahre 1201 mit grosser Anstrengung Otto gehindert hatte, am Rhein weiter vorzudringen, erfahren
wir nichts mehr von ihm, bis der König nach vollen-
detem Feldzuge Wirzburg besuchte. Seine Wiederbe-
rufung daselbst dürfte unmittelbar nach dem Ableben
des Erzbischofes von Mainz, welcher nach der päbstlichen Bestimmung vom 9. April 1200 mit der Verwaltung von Wirzburg heauftragt worden war, geschehen
sein. Wie bei der Wiederbesetzung des erzbischöflichen
Stuhles zu Mainz, würde vielleicht auch hier die welfische Partei gewaltsam sich der Wahl eines reichstreuen Bischofes widersetzt haben, wenn Konrad diesen Umtrieben nicht durch seine Gegenwart zuvorge-
kommen wäre; und dadurch wird es erklärlich, dass
er den König allem Anscheine nach nicht auf seinem
Heerzuge gegen Otto an der Mosel begleitete. Von
Wirzburg begab sich Konrad zu dem grossen Hoftage
nach Bamberg, wo unter seiner Mitwirkung von neuem
der Beschluss gefasst wurde, gegen die römische Einmischung in die Reichsangelegenheiten die Stimme zu
erheben. Allerdings fehlt der Name des Bischofes von
Wirzburg in dem Briefe selbst, welcher nach den
Reichsregesten von J. Böhmer-Ficker (S.22—23) erst
im Februar 1202 nach Rom abgesandt wurde, allein es
wird auch dort zugestanden, dass die Hauptverhand-
lung im September 1201 in Bamberg Statt gehabt hatte.
Es werden auch mehrere andere, als reichstreu be-
kannte Fürsten, wie namentlich der Vice-Kanzler, Bischof Konrad von Speier, nicht in dem Schreiben aufgeführt, so dass es nicht zulässig erscheint, daraus folgern zu wollen: er habe seine in Bamberg abgegebene
Stimme zurückgenommen. Da die Beitrittserklärungen

an verschiedenen Orten erfolgten, so waren wohl in
Folge der späten Ausfertigung der Urkunde die Feh-
lenden einfach vergessen worden. Der Inhalt des Briefes klagt über den Kardinalbischof Guido, welcher sich
im Juli 1201 angemasst hatte, in Köln die rechtmässige
Wahl Philipp's zu verwerfen, um den willkürlich auf-
gestellten Gegenkönig Otto anzuerkennen; und es ist
unerklärlich, dass der geistreichste aller Päbste eine
so ungeschickte Verletzung der Rechte der Reichsfürsten, über deren Wahlergebniss es keinen Richter
gab, in seiner Antwort zu entschuldigen versucht hat.
Der Kanzler Konrad, welcher schon im Juni 1201 Erwählter von Wirzburg heisst, hat demnach durch sein
Verhalten in Bamberg im September bekundet, dass
er nach seiner Wiederwahl kein Zugeständniss des Ab-
falles gemacht haben konnte, wie E. Winkelmann, der
ihn einen Verräther nennt, (S. 239—240) ganz willkürlich
behauptet. Denn sonst hätte er diesen Hoftag gar nicht
besucht, weil der Pabst doch gewiss von seiner hervorra-
genden Theilnahme durch den Kardinalbischof in Kenntniss gesetzt, seine Bestätigung als Bischof von Wirzburg,
welche erst im Oktober ausgefertigt wurde, unter diesen Umständen verweigert haben würde. In Anerkennung seiner Reichstreue finden wir den Kanzler
auch in ganz besonderem Ansehen zu Bamberg, denn
König Philipp schenkt ihm wie die monumenta boica,
B. XXIX*, S. 501—503 berichten, am 8. September
die Burg Steineck und dann in einer andern Urkunde,
ohne Tag und ohne Jahr, aus Liebe zu seinem Hofkanzler dessen Kirche Besitzungen. Zugleich aber
nennt der König in beiden Urkunden den Kanzler
Konrad seinen Verwandten (consanguineus), eine Be-
zeichnung, welche bei Böhmer-Ficker fehlt, und nach
sehr gefälliger Mittheilung des Königlichen Reichsarchiv zu München sind beide Urkunden, im Kaiser-
selekt daselbst, unzweifelhaft echt. In der ersteren
bieten die Worte: „Babinberc in die coronationis no-
stre“ den einzigen Anhalt. E. Winkelmann, (Philipp

3*

und Otto, B. I, S. 238) hat trefflich nachgewiesen, dass hier nicht an die längst Statt gehabte Krönung in Mainz zu denken ist, sondern dass, der römischen Einmischung in die Reichsangelegenheiten gegenüber, der grosse Hoftag zu Bamberg gleichsam als eine Bestätigung der Wahl Philipp's anzusehen ist. Die Worte der ersten Urkunde, welche sich auf die Verwandschaft beziehen, lauten: Notum facimus discretioni uestrae, quod nos carissimi *consanguinei nostri*. C. venerabilis Wirceburgensis episcopi Imperialis aule cancellarii. merita propensius attendentes etc. In der zweiten, welche in Form des Pergament, Schriftcharakter und Siegelband genau der ersteren, in Bamberg ausgestellten entspricht, und deren Inhalt die Annahme des Jahres 1201 bestimmt, heisst es: — — pro dilectione. quam erga dilectum *consanquineum nostrum*. Conradum dominum uestrum venerabilem. wirceburgensem episcopum. imperialis aule Cancellarium iamdudum gessimus et gerimus etc. Es kann also keinem Zweifel unterliegen, der König nennt Konrad seinen Verwandten. Das Wort consanguineus lässt aber um jene Zeit eine grössere Ausdehnung zu. Nach meiner Stammtafel waren die Eltern der Agnes (Gemahlin Herzog Otto's II. von Bayern) der Rheinpfalzgraf Heinrich, und Agnes, Tochter des Herzog Konrad von Schwaben, (Halbbruder des Kaiser Friedrich I.) und der Gräfin Irmengard von Henneberg. Der Pfalzgraf Heinrich war — wie meine Tafel nachweist — consanguineus des Kanzler Konrad, weil er von der Tochter des Kaiser Lothar II. stammt, dessen Grossmutter Ida von Querfurt war. Agnes, die Gemahlin Heinrich's, war ebenso unzweifelhaft consanguinea des König Philipp, denn Konrad, der Agnes Vater, war Philipp's Onkel, mithin war die aus dieser Ehe hervorgegangene Erbtochter der Rheinpfalz, Agnes, die Gemahlin Otto's von Bayern, eine Blutsverwandte des *Kanzler Konrad* und des *König Philipp*. Unter solchen Verhältnissen, glaube ich, musste Philipp den Konrad Vetter nennen, und wenn er ihn vielleicht auch richtiger als cognatus bezeichnet hätte, nach C. F. Moyer, (Neue Mittheilungen VII, 4, S. 97) Schwester- oder Frauen-Schwester-Mann, — also erst *Blutsverwandtschaft in den Kindern* — so kann auch wohl consanguineus hier in allgemeinerem Sinne gebraucht worden sein, weil beide, Philipp und Konrad, ohne jeden Zweifel wenigstens Blutsverwandte der Agnes, Gemahlin des Herzog Otto von Bayern, wurden. Eine wirkliche Blutsverwandtschaft in den Häusern Staufen und Querfurt zeigt sich erst in Konradin, weil durch seine Mutter, Elisabeth von Bayern, das Querfurter Blut auf ihn vererbt war; wie das auf meiner Stammtafel leicht zu verfolgen ist. Dr. Holstein hat zwar in seinen Burggrafen von Magdeburg aus dem Hause Querfurt (S. 5.) diese Verwandtschaft mit den Staufen durch eine angenommene Heirath des Burggrafen Burchard I, (Burchard II. v. Querfurt) mit einer ungenannten Tochter des Landgrafen Ludwig des Salier († 1123) nachzuweisen versucht, allein diese Stammtafel ist ganz unhaltbar, weil sie sich auf Baron Ledebur's Grafen von Falkenstein (S. 70—71) stützt, welcher, nach einem Drucke mit unrichtigem Datum und falschen Zeugen, dem dritten Burggrafen einen Bruder Udo junior giebt, und zu dem Schlusse gelangt: Udo I., Bischof von Naumburg, Sohn Ludwig's des Salier's, und welcher von seinem Amtsnachfolger, Udo II. (junior), avunculus genannt wird, müsse eine Schwester gehabt haben, welche mit dem ersten Burggrafen vermählt gewesen sei. Nach sehr gefälliger Mittheilung des Königlichen Staatsarchives zu Hannover, wird aber ein Udo, der im Querfurter Hause überhaupt nicht vorkommt, im Originale auch gar nicht als Bruder Burchard's genannt. Es heisst dort: Burchardus burcgravius Magdeburgensis *et frater suus*. Conradus de Bockesberg. Crafto frater eius etc. und es ist demnach auch eine Verbindung mit dem Hause Thüringen ganz unnachweisbar.

Ich komme nun zum Lebensende Konrad's. Am

20. September 1201 finden wir ihn zum letzten Male in seinem Amte als Kanzler bei König Philipp in Nürnberg, und nur aus päbstlichen Briefen haben wir noch sichere Nachrichten über sein letztes Lebensjahr. In der bittersten Weise hat man seine Abwesenheit vom Hoflager als Verrath gedeutet, und kaum ist wohl jemals eine bedeutende geschichtliche Person der Art von der Nachwelt in ein ungünstiges Licht gestellt worden, wie Bischof Konrad, welchem gerade die Zeitgenossen hohe Anerkennung zu Theil werden liessen. Dr. Abel, in seinem Philipp der Hohenstaufe, S. 159, spricht von Konrad's *„Gier"*, mit der er dem äusseren Glanze nachjagte, welche die Klippe wurde, an welcher *seine Treue und sein guter Name zu scheitern bestimmt waren!* S. 160 heisst es, dass nach seinem *„Charakter und seinem ganzen bisherigen Leben"* sich kaum vermuthen liess, — dass er der *Untreue* widerstehen werde, der er durch seine Unterwerfung unter den Willen des Pabstes ausgesetzt war! S. 161 sagt er: *Konrad erhob die Fahne der Empörung* und setzte sich durch die Befestigung des Marienberges zu Wirzburg *in Vertheidigungszustand gegen Philipp!* S. 162 wird er der *Verschleuderung des Kirchenvermögens* angeklagt. S. 163 heisst Konrad ein *geächteter Reichsfeind*, und um endlich auch den nicht zu verschonen, der ihn geächtet haben soll, wird König Philipp S. 358 durch die, wie Dr. Abel aber selbst zugiebt — höchst verwirrte Reinhardsbrunner Chronik — als Anstifter der Ermordung Konrad's beschuldigt! Hier sind die Worte: Cum creberrima Conradi Herbipolensis episcopi et ipsius lantgravii constarent ad invicem colloquia, ea ceperunt ei (Philippo) ad malorum acervum fidem hesitacionis facere, de quibus antea potuerat bene presumere . . . . Sane lantgravius comperta interfectione Herbipolensis tam detestabili malicia non potuit de Philippo securus existere, *quia consiliis et mandato ejusdem Herbipolensem episcopum constat interiisse.* Abinde Philippus manifestus lantgravio hostis efficitur.

Dieses Urtheil über Bischof Konrad nennt Th.
Toeche, Heinrich VI., S. 28, Anmk. 1. eine ausgezeich-
nete Charakteristik desselben. In ganz ähnlicher Weise behandelt ihn E. Winkelmann, dessen Angaben über ihn nun schon alle in die
Reichsregesten von J. Böhmer-Ficker übergegangen
sind. Ich vermag mir nicht zu erklären, wesshalb er
(S. 266) einen Werth darauf legen kann, dass der
päbstliche Notar Magister Philipp schon im August
1201 nach Rom berichtet habe: dass der Kanzler und
der Landgraf von Thüringen nicht aufrichtigen Her-
zens bei der Sache des staufischen Königs seien. Wa-
rum sollte nicht eine Meinungsverschiedenheit zwischen
König und Kanzler vorgekommen sein, ohne dass nur
an eine ernste Störung der Beziehungen zu denken
war? Die Urkunden beweisen gerade das Gegentheil
der Vermuthung des päbstlichen Notares: denn wir
haben gesehen, dass König Philipp im September 1201
seinen geliebten Verwandten, den Kanzler Konrad,
welcher in Bamberg den zweiten grossen Protest gegen
die römischen Eingriffe in die weltlichen Angelegenheiten des Reiches vorbereiten half, in zwei Urkunden
reich beschenkt! Nach E. Winkelmann (S. 265 ff.) em-
pörte sich Konrad im Herbste des Jahres 1202 in dem
Augenblicke, als Philipp, welcher eben den Erzbischof
von Trier für seine Sache von Neuem gewonnen hatte,
vergeblich versuchte, seinen Gegner Otto über die
Mosel zu drängen. Wäre Konrad wirklich ein Verräther gewesen, so würde der Aufstand des Landgrafen
von Thüringen und des Königs von Böhmen gleichzeitig, und nicht erst im folgenden Jahre erfolgt sein.
Der erstere urkundet aber, als Zeichen seines Gehor-
sams, nach E. Winkelmann (S. 286, Anmk. 4) noch zu
Anfang des Jahres 1203 „regnante Philippo." Das zu
allen Zeiten staufisch gesinnte Domkapitel zu Wirzburg war nach den päbstlichen Erlassen vom 24. November 1199 und vom November 1201 so verschuldet,
dass es sogar die Wehrkraft des Landes durch Lehens-

verpfändung hatte schwächen müssen: welche Aussicht
auf Erfolg hätte unter diesen Umständen wohl die ein-
seitige Empörung Konrad's haben können, welcher,
wie wir finden werden, *selbst von Feinden bedrängt
wurde.* Die Hauptschuld wird (S. 268 nach Otto von
St. Blasien) darin gefunden, dass Konrad — contra
regnum conspirans et montem S. Mariae in ipsa urbe
pro castello muniens publice rebellavit — den Marien-
berg bei Wirzburg befestigte. Diese Vertheidigungs-
massregel wurde aber, wie sich später zeigen wird,
eine Nothwendigkeit aus ganz andern Gründen, welche
sich dem Gesichtskreise des Mönches entzogen. Einen
viel ausgebeuteten Anhaltspunkt für das Zerwürfniss
mit dem Könige bildet ferner ein Schreiben des Pabstes, welches aber in zwei Theile zerfällt. Zu Anfang
desselben spricht er ganz bestimmt aus, dass Konrad
von seinen Feinden mit Wuth angegriffen worden, und
macht dem Erzbischofe von Mainz Vorwürfe, dass er
diesem nicht von selbst Unterstützung geleistet habe.
Dann sagt er noch, dass Philipp, voller Erbitterung gegen den Kanzler, in dessen Bisthum einzufallen gedenke,
führt die Grausamkeiten an, welche er dort ausführen
wolle, befiehlt dem Erzbischofe die von Bischof Konrad gegen die Uebelthäter — also dessen Angreifer —
ausgesprochenen Excommunicationen öffentlich zu verkünden, und verbietet ihm und seinen Suffraganen,
Hilfe gegen diesen Bischof zu leisten. Der erste Theil
dieses Briefes behandelt demnach die vollendete That-
sache einer Fehde, der andere spricht von dem Ge-
rüchte, dass Philipp selbst gegen Konrad vorzugehen
beabsichtige, denn es ist sicher erkennbar: dass der
zweite Theil, welcher durch die Worte accepimus etiam
und nicht „nempe" eingeleitet wird, mit dem ersteren
in gar keiner Verbindung steht, und dass der auf Konrad erfolgte Angriff in keiner Weise von Philipp aus-
gegangen war. Professor Winkelmann, welcher (S. 268)
den ersten Theil dieses Briefes ganz unberücksichtigt
lässt, übersieht aber wohl, dass dieser allein Aufklärung

über Konrad's eigentliche Lage zu geben vermag, und folgt wörtlich der Chronik. Endlich spricht anschei-nend noch gegen Konrad eine Angabe bei G. Pertz (mon. Germaniae, Script. B. II, S. 162), wo der Abt von St. Gallen einen Zug ad episcopum Erbipolensem verspricht, welchen ich später berühren werde. Es ist doch schwer zu glauben, dass das hervorragendste Glied einer Familie, welche mit so grosser Anhänglich-keit durch alle Zeiten zu den Staufen gehalten hat, dass Konrad mit dem im Reiche wenig beliebten Welfen, wenn er auch sein wirklicher Blutsverwandter war, hätte etwa einen geheimen Vertrag schliessen sollen, wie E. Winkelmann (S. 268) anzunehmen scheint, da er von der „ausgebliebenen welfischen Hilfe" spricht, welche Konrad für seine angebliche Empörung erwartet ha-ben soll. Es ist aber unmöglich, ein richtiges Urtheil fällen zu können, wenn man den Brief des Papstes vom 23. December 1202 nicht zu Grunde legt. Aus diesem wissen wir mit Bestimmtheit, dass Konrad in eine lange und gefährliche Fehde verwickelt war, es wird sich demnach in nächster Linie darum handeln, zu ermitteln, „wie war dieselbe entstanden, und wer waren seine Feinde." In Franken gab es zu allen Zeiten viele kleinere Reichsgüter, deren Besitzer der Dienstmannschaft angehörig, rings umgeben vom bi-schöflichen Lande, häufig Veranlassung zu Streitigkei-ten gaben, und diese waren auch die Feinde Konrad's. Das bezeugt vor allem das spätere Klageschreiben vom 23. Januar 1203 des Pabstes Innocenz, in welchem er die Reichsdienstmannen durch die folgenden Worte ganz bestimmt beschuldigt — — quod videlicet jam *vicibus repetitis ministeriales imperii* tam immane faci-nus *perpetrarunt* etc. Jene waren also auch die An-greifer Konrad's, von deren Wuth Pabst Innocenz in seinem Briefe vom 23. December 1202 spricht, und ge-gen diese, nicht aber gegen den König, liess er Wirz-burg befestigen. Wie also hätte er — selbst umringt von Feinden — wohl an Empörung denken können!

Seltsam möchte es vielleicht erscheinen, dass ein Bischof von Wirzburg nicht leicht dieser Feinde hätte
Herr werden können. Dafür geben aber zwei sehr
wichtige Urkunden die Enthüllung. Am 24. November
1199 gebietet zwar der Pabst dem Erzbischof von
Mainz, die Bestimmung des gewesenen Bischof nichtig
zu erklären, nach welcher die Domherren von Wirzburg für seinen Todesfall zwei Tausend Mark zahlen
sollen, allein im November 1201 — nachdem Konrad
vom Pabste als Bischof von Wirzburg bereits bestätigt
worden war, — befiehlt er dem Kapitel, *dass zur Wie-
dererwerbung des verpfändeten Lehens*" tausend Mark
gezahlt werden sollen, wenn Bischof Konrad innerhalb
eines Jahres sterben sollte. Diese beiden Bestimmungen, von denen die erste so viel Anlass zu Missver-
ständnissen gegeben hat, stehen offenbar in Verbindung. Die spätere bezeugt, dass Konrad nicht, wie
Dr. Abel angenommen hat, leichtsinnig mit dem Vermögen des Kapitels geschaltet, sonst würde der Pabst
die Schuld nicht anerkannt haben, sondern dass un-
abweisbare Geldverlegenheit ihn zu einer Verpfändung
gezwungen hatte. Dadurch war aber die Wehrkraft
des Landes geschwächt worden, und es wird nun be-
greiflich, dass Konrad, dieser Stütze beraubt und auf
seine Dienstmannen beschränkt, denen des Reiches
gegenüber einen nicht leichten Stand hatte. Die Ent-
stehung dieser Fehde ist wohl in den folgenden Verhältnissen zu suchen. Kaiser Friedrich bestimmt, wie
die mon. boica, B. XXIX* S. 325 nachweisen, im Juni
des Jahres 1156, mit Zustimmung seines Neffen, dass
die aus der Ehe des Wirzburgischen Dienstmannes
Bodo mit der Tochter seines Marschall, Heinrich von
Pappenheim, hervorgehenden Kinder, zwischen der
Wirzburger Kirche und seinem Neffen, dem Herzoge
von Schwaben, dem die Tochter des Marschall zustän-
dig war, zu theilen seien, und nicht nach dem Gewohn-
heitsgebrauche der Mutter folgen sollen. Aus dieser
Ehe stammten anscheinend Heinrich und Bodo von

Ravensburg. Heinrich, welcher unter Konrad's Gegnern nicht genannt wird, muss der Kirche dienstpflichtig gewesen sein, und Bodo dem Herzoge von Schwaben. Da aber dieser letztere zu jener Zeit in der Person Philipp's zugleich Römischer König war, so scheint Bodo, welcher auch bedeutende freie Güter besass, als Reichsdienstmann betrachtet worden zu sein. Heinrich mag sich aber dem Dienste der Kirche entzogen haben, und so scheint entweder Konrad von Wirzburg nun die Zuständigkeit Bodo's in Anspruch genommen zu haben, oder es war der Vergleich über die Theilung der Kinder, welche eigentlich alle dem Herzog von Schwaben gehört hätten, von diesen in Frage gezogen worden. Daher die Erbitterung der übrigen Reichsdienstmannen, welche Bodo zu Hilfe eilten. Dass der Marschall Heinrich von Kalentin (Pappenheim), ein fränkischer Reichsdienstmann, seinen Verwandten unterstützt haben muss, bestätigt das chronicon montis sereni (S. 170), durch die, wenn auch zum Theil unglaubwürdige, Aufzeichnung: dass König Philipp aus Furcht (!) vor ihm nicht gegen die Uebelthäter einzuschreiten gewagt habe. Wenn nun Konrad durch ein ganzes Jahr mit diesen unmittelbaren Dienern des Königs in Fehde lag, so musste dadurch bei letzterem eine Missstimmung erweckt werden, welche dem Chronisten so dargestellt wurde, als habe sich der Bischof empört und sei mit dem König selbst in Krieg gerathen. Philipp bedurfte seiner Dienstmannen gegen Otto von Braunschweig, und da Konrad von Wirzburg nicht nachgeben wollte, so wird es des Königs Absicht gewesen sein, mit bewaffneter Hand zwischen beide zu treten, und dadurch entstand dann die irrige Anklage der Reinhardsbrunner Annalen: Konrad sei auf Befehl Philipp's ermordet worden. Auch die Chronik wird demnach ein Mal Recht haben, wenn sie sagt, dass der Abt von St. Gallen einen Zug „ad episcopum Erbipolensem" versprochen hatte: wobei zu bemerken ist, dass das Wörtchen „ad" die Richtung, aber nicht die feindliche Absicht andeutend, sehr passend in diesem Sinne gewählt zu sein scheint, während in dem Nachsatze, für das folgende Jahr, von dem Zuge „*in*" lantgravium Turingie die Rede ist. Es ist aber auch nachweisbar, dass dieser Zug nicht, wie behauptet wird, gegen Bischof Konrad ausgeführt sein konnte. Der Casus St. Galli erzählt, an der angegebenen Stelle bei Pertz, dass der Abt die Steuer für den Zug nach Wirzburg „auf dem Hoftage zu Ulm" versprochen, und diesen — et hanc expeditionem adimplevit — auch ausgeführt habe. König Philipp ist aber im Jahre 1202 in Ulm urkundlich gar nicht nachweisbar. Professor Winkelmann sieht ihn jedoch (S. 268) im November von Speier aus dorthin eilen, um Konrad's Aufstand im Beginne erdrücken zu lassen. Nach J. Böhmers Regesten urkundet Philipp aber noch am 8. November bei Speier. Der Abt Heinrich von St. Gallen konnte demnach erst gegen Ende jenes Monates auf diesem Hoftage die Zusage geben und seine Rüstungen ausschreiben. Bevor er aber in das Bisthum hätte einrücken können, wären noch weitere zwei bis drei Wochen vergangen und dann hätte er Konrad im Grabe gefunden! Ich zweifle aber nicht, dass der Abt den Zug nach Wirzburg doch wirklich machte, denn in Franken war nicht nur eine Fehde, sondern eine Empörung zu unterdrücken, welche auch nach des Bischof's Tode noch für das Bisthum und das Reich gefährlich zu werden drohte. Aufklärung darüber erhalten wir durch eine Stelle des chronicon Slavorum, wo (bei G. Leibnitz, Scrp. Brsv. ills. B. 2, S. 739) Bischof Otto von Wirzburg wenige Jahre später klagt, dass das Bisthum unter Kaiser Heinrich VI. und König Philipp jährlich bis 1000 Mark habe zahlen müssen, und dass dieser Umstand der Grund der Ermordung des Bischof Konrad geworden sei. Dies ist aber doch wohl nur so zu verstehen, dass Konrad, um diese hohe Reichssteuer aufzubringen, sein Land schwer belasten musste, und dass sich Unzufriedene aus diesem

Grunde den Reichsdienstmannen angeschlossen hatten. Auch die Untersuchung, welche der Pabst im Juni 1201 wegen Stellenhandels gegen ihn einleiten liess, deutet an, dass der neu erwählte Bischof in seiner Geldnoth sich nicht mehr zu helfen wusste und wahrscheinlich Aemter nur gegen Erlegung einer hohen Steuer vergeben hatte. Die Verlegenheit muss in der That sehr gross gewesen sein, sonst würde Konrad in so ernster Zeit nicht die Wehrkraft des Landes durch bedeutende Lehensverpfändungen geschwächt haben, wie dies aus dem päbstlichen Schreiben vom November 1201 hervorgeht. Dass eine Aufregung schon zu jener Zeit bestanden haben muss, geht auch daraus hervor, dass der König im September 1201, gleichsam wie eine Entschädigung für grosse gebrachte Opfer, der Wirzburger Kirche Güter schenkt, und den Vasallen, Dienstmannen und Bürgern daselbst ihrem Bischof zu gehorchen und denselben ehrenvoll zu empfangen befiehlt. Die Bemerkung in den Reichsregesten, diese Urkunde sei Konrad's „neue Einsetzung" ist nicht ausreichend, weil der König am Schlusse sagt: er habe für den Bischof gehandelt, wie er es — pro nullo mortalium fecissimus — für keinen Sterblichen gethan hätte, und weil eine zweite Investitur kaum nothwendig wurde, da das Bisthum seit Konrad's Enthebung nicht neu besetzt, sondern nur verwaltet worden war. Auch würde es nicht zu erklären sein, dass seine Mörder ihn am 3. December 1202, als er sich zur Abhaltung der Vorfeier des Tages der heiligen Barbara in den Dom begeben wollte, in offener Strasse überfallen konnten, ohne von der Bevölkerung ergriffen zu werden. Der Pabst dehnt aus diesem Grunde in seinem Schreiben an den Erzbischof von Salzburg, vom 3. Juli 1203, den Kirchenbann auf alle diese Empörer aus, welche „mit den Waffen" die Flucht derjenigen gefördert, welche die Blutthat ausgeführt hatten. Nach E. Winkelmann und den Reichsregesten von J. Böhmer-Ficker geschah dies durch Bodo und

Heinrich von Ravensburg, nach P. Ä. Ussermann durch
Bodo von Ravensburg, „seinen Blutsverwandten", und
durch Heinrich von Falkenberg. Der Pabst Innocenz
nennt Anfangs keine Familiennamen der Mörder. Die
älteste Nachricht, welche wir über diese That von ihm
besitzen, ist sein oben erwähntes Schreiben vom 23. Januar 1203, in welchem Erzbischof Eberhard von Salzburg mit seinen Suffraganen beauftragt wird, das Anathema über die Mörder — hier nur filii Belial genannt
— zu verkünden. Erst in seinem Schreiben an den
Erzbischof von Salzburg vom 3. Juli 1203 erwähnt Innocenz, dass sie den Namen des Schlosses Ravensburg
als ein Kriegszeichen ausgerufen haben. Als der Pabst
am 18. April 1203 der gesammten Christenheit die
über sie verhängten Strafen verkündet, wird Heinrich
„Fuson" und der Vasall Bodo's genannt. Sie waren also
nicht Brüder, sonst würde sie Innocenz so bezeichnet
haben, und der Pabst musste doch die Namen der
Thäter, welche sich nach seinem Briefe vom 18. April
1203 durch ihre Flucht nach Rom der weltlichen Gerechtigkeit entzogen hatten, genau kennen. Von dem
fränkischen Geschlechte von Ravensburg weiss ich mit
Bestimmtheit nur anzuführen, dass nach C. H. de Lang,
(regesta b. II, S. 41 und 49), Heinrich 1210, Bodo 1212
durch Vermittlung des Bischof Otto, auf Vogteirechte
bei Wirzburg gelegener Güter verzichten, dass Bodo
der jüngere 1223 Weingärten bei Ravensburg an den
Deutschorden (ebenda S. 135) und dass Bodo von Ravensburg nach J. Böhmer, (reg. imp., B. 1198—1254,
S. 126), einst die Burg Werneck demselben Orden geschenkt hat, dass Ludwig's hinterlassene Wittwe 1280
Güter an Kloster Ebrach übertragen, und dass Konrad
und zwei Heinrich 1291, 1292 und 1297 Güter an Kloster Himmelpforten überlassen und verkauft haben,
wie dies C. H. de Lang, (reg. b. IV, S. 127, 509, 547
und 639) nachweist.

Diejenigen, welche dem Kanzler so viel zur Last
gelegt haben, begnügen sich damit aber noch nicht,

auch durch Verdächtigungen gegen König Philipp wird
die Wahrheit entstellt. So sagt das Archiv für Unter-
franken B. XIII, S. 265—266 folgendes:
  Die Gerechtigkeit, welche König Philipp ver-
  sagte, hatte der Pabst an den Mördern des
  Bischof's geübt; wie denn die Kirche stets
  der Uebung der Gerechtigkeit auch die Milde
  zur Seite gehen lässt, wenn sich der Mörder
  reuig und büssend beweist, wie dieses der
  Fall mit Bodo von Ravensburg war.
Ist denn wohl von einem nur als gerecht in der Geschichte bekannt gewordenen Könige eine solche Staats·
unklugheit zu erwarten, dass er die Mörder „seines
geliebten Verwandten" — dem der eigene Gegner, Pabst
Innocenz III., durch das Beileidschreiben an jenes Bruder, den Burggrafen von Magdeburg, ein ehrendes An-
denken gewidmet — hätte absichtlich der Gerechtigkeit Hohn sprechen lassen? Er, der tapfere Philipp,
welcher seine Feinde stets mit dem Schwerte in ihrem
eigenen Lande aufsuchte, dessen Rechtlichkeit bald
den eigenen Bruder Otto's in sein Lager brachte, welchem der Führer der Empörung, Erzbischof Adolf von
Köln, folgte. Bodo von Ravensburg ist urkundlich
in Deutschland erst nachweisbar, als Philipp bereits
einen ebenso gewaltsamen Tod, wie Bischof Konrad,
gefunden hatte und Otto IV. Römischer Kaiser war [
Die Mörder mussten ja nach den päbstlichen Strafbestimmungen vom 18. April 1203 zunächst vier Jahre
gegen die Saracenen kämpfen, waren also gar nicht
in Deutschland, und Philipp würde von seiner eigenen
Partei verlassen worden sein, wenn er, wie auch E.
Winkelmann (S. 269—270) behauptet, dieselben absichtlich geschont hätte. In der Flucht der Thäter
nach Rom liegt aber zugleich auch noch ein Beweis
der Unschuld des Kanzler's, denn wäre derselbe, wie
Dr. Abel behauptet hat, als Empörer in der Reichs-
acht gewesen, so hätte Bodo mit seinen Helfern un-
gestraft im Reiche bleiben können. Als derselbe Mar-

schall von Pappenheim sechs Jahre später den Pfalzgrafen Otto von Wittelsbach, den geächteten Mörder
des König's Philipp erschlug: verfolgte ihn Niemand,
weil ein der Reichs- oder Oberacht Verfallener *keinen
gesetzlichen Schutz hatte und sein Leben von Jedem genommen werden konnte.*
Bedauerlich ist es ferner, wenn E. Winkelmann
(S. 269 ff) behauptet, *„dass man von Konrad nicht viel
Gutes zu sagen wusste, und dass die Thränen, welche
Philipp um ihn vergoss, doch kein Zeichen wahren Schmer-
zes gewesen seien, da sein Tod dem Könige sehr gelegen
kommen musste, weil durch die List dieses Verräthers
die staufischen Bewegungen gehindert worden seien, welche
nun erst von grösserer Bedeutung wurden.* Da für die
erste Behauptung als einziger Beleg (S. 271 Anmk. 2.)
nur noch ein Mal auf die chronikale Erzählung verwiesen wird, dass Konrad sich als Führer des Kreuzheeres mit so reichem Geschirr eingeschifft habe, so
werden wohl meine Angaben, welche ich am Schlusse
bringen werde, genügend beweisen, dass die Zeitgenossen über des Kanzlers Leistungen anders dachten.
Ebenso ist die zweite Anklage im vollen Widerspruche
mit den geschichtlichen Erfolgen der staufischen Regierung, so lange Konrad das Kanzleramt bekleidete.
Als er dasselbe unter Philipp übernahm, war das Reich
nach Heinrich's VI. Tode in sehr gefährlicher Lage,
und ein einziger Misserfolg von Bedeutung hätte zur
völligen Auflösung der Partei führen können. Es wurden zwei siegreiche Heerfahrten (1198 und 1199) gegen
den reichsfeindlichen Bischof von Strassburg geführt,
es wurde in denselben Jahren zweimal mit Erfolg in
Sachsen und ebenso oft am Rhein gegen Otto von
Braunschweig und seine Anhänger gekämpft, und es
wurden 1200 und 1201 mit Konrad's Betheiligung zwei
grosse Proteste gegen die römische Einmischung in
die weltlichen Angelegenheiten des Reiches abgefasst. Ohne Erfolg war dagegen nur der Zug gegen
die Stadt Braunschweig, im Sommer des Jahres 1200,

und der Versuch, im Herbste 1202, das welfische Heer über die Mosel zu werfen, geblieben. Wie Konrad die staufischen Bewegungen gehindert haben soll, ist demnach schwer erklärlich, da man ihn wegen seiner Abwesenheit doch nicht für das Unglück der staufischen Waffen während dieses letzten Jahres verantwortlich machen kann. Bis dahin aber war er, wie der König, in rastloser Thätigkeit in allen bedrängten Theilen des Reiches zu finden gewesen; nur ist es, wie E. Winkelmann nachgewiesen hat, ein Versehen J. Böhmer's, dass er noch im November 1202 bei Speier als Zeuge Philipp's aufgeführt wird. Sein Name steht nicht in jener Urkunde, und Konrad, umringt von Feinden, hätte sein Bisthum gar nicht verlassen können. Die langen staufischen Kriege, welche die Kräfte und Hilfsmittel fast gänzlich erschöpft hatten, zwangen Konrad das Wohl seines eigenen Landes dem des Reiches zu opfern, und waren die Veranlassung geworden, dass er, um die schweren Steuern aufzutreiben, Unzufriedenheit und Empörung in seinem Bisthum hervorrufen musste.

Wie in Hildesheim, so konnte er auch in Wirzburg der häufigen Abwesenheit und der kurzen Zeit seiner Regierung wegen nicht viel für die Verwaltung thuen: Laut sehr gefälliger Mittheilung des Königlichen Staatsarchives zu Hannover ist dort von Konrad keine Urkunde vorhanden; die einzige Nachricht überhaupt findet sich in dem grossen Kopialbuche von Hildesheim, und enthält nur eine Abschrift der päbstlichen Verordnung vom 21. August 1198. Besser steht es in Wirzburg. Zunächst wurde nach Äm. Ussermann (Germania sacra, B. IV, S. 77) unter seiner Regierung im Jahre 1200 ein Kloster zu Marburghausen und 1202 ein solches zu Münchsteinach erbaut. Ausser einer Bestätigung für das Krankenhaus von Neumünster zu Wirzburg, welche C. H. de Lang (regesta boica I, S. 379) in das Jahr 1198 setzt, und einer Schenkungsurkunde für Kloster Bronnbach aus dem Jahre 1202, erwähnen seiner — wie ich glaube in noch nicht gedruckten Belegen — die folgenden, welche ich sämmtlich der überaus gütigen Unterstützung des Königlichen allgemeinen Reichsarchiv zu München in Abschriften aus diesem selbst oder aus den Kreisarchiven zu Bamberg und Wirzburg verdanke. 1) Eine von ihm ausgestellte Originalurkunde, ohne Ort und Datum, leider mit abgefallenem Siegel, für die Abtei St. Stephan in Wirzburg im Reichsarchiv München. 2) Ein Vergleich aus dem Jahre 1199 im Copiarium des Collegiatstiftes St. Jacob zu Bamberg — im Kreisarchiv daselbst — zwischen Bischof Konrad von Wirzburg und dem Probst Boppo von St. Jacob. 3) Eine Bestätigung des Bischof Heinrich von Wirzburg vom 11. Januar 1204 — aus dem Kreisarchiv daselbst — dass Abt Rucher von Brunnebach Verzicht auf einen Zins geleistet, welchen er auf Anordnung der Bischöfe Heinrich (III.), und Konrad (I.), kaiserlichen Kanzler's, vom Abte zu Oberzell einzunehmen pflegte. 4) Eine Befreiung des Kloster Ahausen durch Bischof Otto vom 8. December 1208 von allen Zehnten und Steuern zu Frickenhausen und Regnitz, wogegen dasselbe alljährlich am Feste der heiligen Barbara (4. December), an welchem der Jahrestag des seligen Bischof Konrad, kaiserlichen Hofkanzlers, gefeiert wird, vier Kerzen von sechs Pfund Wachs zum Grabe desselben liefern soll, aus dem Kreisarchiv zu Wirzburg. Und endlich noch eben daher ein Notariatsinstrument über den Befund des Leichnames des Bischof Konrad vom 7. Oktober und 19. November des Jahres 1700 von höchstem Interesse, welches ich hier folgend wörtlich wiedergebe, und der Umsicht und Fürsorge des Königlichen Kreisarchives zu Wirzburg wiederholt meinen ganz besonders gefühlten Dank abstatte:

1700. Oktober 7.
November 19.

Orig.-Instrument, ausgestellt auf Papier mit aufge-

drücktem Siegel d. d. Würtzburg den 7. Oktober bezw.
19. November Anno 1700 respec unterschrieben durch
Philipp Braun der Heyl. Schrift und beyder Rechten
Dr. Hochfürstl. Würtzbgl. Geh. Rath und Geistl. Rath,
Pronotarius Apost. etc. und durch den Domkapitel.
Schlosser Johann Leonhart Dösstler und Domkapitel.
Schreiner etc. Bielefeld, in welchem enthalten, dass im
genannten Jahre mit Consens des Bischofs Johann Philipp und des damaligen Domdechant etc. Freyherrn
von Stadion bei Veränderung des Chors in dem hohen
Domstifte zwey darinnen stehende Tumbas, um solche
aus der Mitte des Chors anderswohin transferiren zu
können, geöffnet worden seien, und dass sich bei Er-
öffnung der *den Leib des Bischofs Konrad I.* enthalten-
den Tumba folgendes ergeben (wörtlich lautend):

„Primo wurde der Anfang gemachet von der Vn-
„teren gegen dem Langhauss Zu stehender Tumba,
„welche ich aller Orthen genau besichtiget und befun-
„den, dass dieselbe auss schwartz angestrichenen Stein
„Zusammen gefügt, und allerseit annoch wohl verwahrt
„gewesen; Dero länge bestände in Acht Schue Ein
„Zoll, die breyte Zwey Schue Zehen Zoll, die höhe
„drey Schue 3$^1/_2$ Zoll. An dem vorderen theil gegen
„dem Altar Zu ware mit verguldeten Buchstaben her-
„umb eingehawen diese Schrifft: *Conradus Episcopus*
„*Herbipolensis & S. R. J. Cancellarius, Anno MIII. in*
„*Vigilia S. Barbarae interfectus est.* An dem Vnterntheil
„gegen dem Langhaus zu folgende Schrifft auch mit
„verguldeten Buchstaben; Hoc procumbo solo, Sceleri
„qui parcere nolo: vulnera facta dolo, dent habitare
„polo."

„Nachdeme Secundo der obere Stein, so von einem
„Stück abgethan worden, ware der Sarg noch mit
„dreyen blatten von Sand Stein bedecket, welche auch
„abgehoben worden, sodann das Corpus höchstgedacht
„herrn *Bischoffen Conrads* dergestallt befunden, dass
„alle ossa noch aneinander gehangen und gleichfalls
„gantz gestarret, auch von denen membris nichts ausser

4*

„der Lincken Hand, die sich nit, sondern allein ein-
„stumpffer Arm gefunden, abgangen. Das Haupt ware
„ein purer Todten Kopff ohne haar, haut und fleisch
„bedecket, mit einer niederen Inful, worvon nichts
„mehr vbrig, alss der Vntere Theil, welcher mit einem
„von Gold gewebtem Zeug eingefast gewesen; Der
„Leib ware bedecket mit seyden Zeug, den mann nit
„wohl hat erKennen Können, wie auch nit die Form
„der Kleidung, doch hat sich eine Kurtze stola Zweyer
„fingerbreit ohngefehr vber der Brust herunter han-
„gend gefunden. In der rechten Hand, die noch mit
„einer ausgedorreten Haut überZogen zu sein geschie-
„nen, ware ein Bischoffs Staab von Holtz, dessen Spitze
„auf der Krümme, wie auch vnter und ober dem Kopff
„mit silber beschlagen, geleget, dann nechst an dem
„Lincken Armb ein Kleiner Kelch sampt der Paten
„von Silber, welcher Zum Ornat Ambt geliefert vnd
„nit wiederumb hineingesetzt worden, gestanden, von
„welchem ich die Paten abgehoben, und mir scheinen
„wollen, ob were etwas nasses vor alters darinn gewe-
„sen und aussgedrucknet, wie es dann auch einen sehr
„durchtringlichen scharffen geruch von sich gegeben.
„An dem Ringfinger der rechten Hand steckete auch
„der Ring noch, sehr schlecht, mit einem rothen Stein-
„lein. Die Füss noch bedecket mit Ziemblich weiten
„Sandalys von einem geblümleten doch vnbekanntem
„Zeug. Das gantze Corpus ist abgemessen und von
„6¹/₂ Schuehen in der Länge, auch diss darbey ge-
„funden worden, dass die Tumba auf der seiten mit
„einem eingesetzten und mit bech befestigten Stück ein-
„mahl ausgebessert worden."
„Tertio das gantze Corpus lage auf einem blossen,
„das Haupt aber in einem etwas erhöheten und Hier
„Zu rund ausgehauenen Sand Stein; Vnd weilen man
„für rathsamb gehalten, diese Ossa in einen höltzenen
„Sarg einzuschliessen, auch Kundschafften eingelanget,
„dass dess herrn Domdechantens Hochw. Gnaden bald
„wiederumb von Gerlachsheimb revertiren würden, Alss

„ist von einem weiteren supersedirt, und vnterdessen
„die Ossa wiederumb fleissig verwahrt, auch obge-
„dachter höltzener Sarg von Kieffernholtz verfertiget
„worden."
„Quarto enthält dass Ergebniss des Befundes der
„2. Tumba, die Reliquien der seel. Herzogin Irmina
„etc. betr."
„Quinto den 20. Septembris ist in Anwesenheit
„Hochgedachten herrn Domdechantens die Tumba cum
„ossibus *D. Episcopi Conradi* nochmahlen eröfnet, das
„noch beysammenstehende Corpus é loculo extrahirt,
„in obbemelte holtzerne Kisten, ohne dass etwas am
„gantzen Corpore verändert oder verrücket worden,
„geleget, darein nebst einer auf Pergament von mir
„vber diese translation in Latein geschriebener Kund-
„schafften verwahret, und in der alten schwartzen Tumba
„ad latus D. Praepositi in fine Chori transferiret worden."
Wenn auch die Jahreszahl (1002) unrichtig ist, so
wird doch der in Buchstaben ausgedrückte Todestag
(3. December) nicht zu bezweifeln sein, da auch nach
dem Regeste vom 8. December 1208 der Gedächtnisstag am Feste der heiligen Barbara (4. December) gefeiert wurde. Dies geschah wahrscheinlich aus dem
Grunde, weil die Vorfeier (vigilia), für welche Konrad
sich am 3. December in den Dom begeben wollte, erst
nach Sonnenuntergang begangen wurde. Es dürfte
demnach die von E. Winkelmann (in Philipp und Otto
S. 269 Anmk. 1) besonders hervorgehobene, chronicale
Angabe des 6. December zu berichtigen sein.
Dieses bescheidene Grabmal birgt die Gebeine des
einst so mächtigen Kanzler

Konrad Pullenhofer,

aus dem Hause Querfurt,

über dessen Geburt, Leben und Tod widersprechende
Nachrichten von allen Seiten verbreitet worden sind.
Nicht ein kalter, berechnender Staatsmann, dessen Weg
über blutgefärbte Felder zum Ziele führt, sondern ein
Mann voller Herz und Gefühl für die Leiden anderer

muss er gewesen sein. Seine übereinstimmend anerkannt milde und weise Verwaltung in Italien, welche
weiteren Folgen der Leidenschaft versöhnend entgegen
zu treten wusste, sein sehr empfängliches Gemüth für
die Schönheit der Sprache, für Kunst und Wissenschaft,
sein erfolgreiches Streben durch Minderung der Lasten
dem armen, schwer bedrückten Volk in Sicilien und
Italien Erleichterung zu schaffen, gewannen ihm die
Herzen dieser Lande. Ich habe schon auf die aus-
zeichnenden Worte verwiesen, welche Muratori aus der
Umgebung des Pabstes über ihn bringt:

> Edel, reich und mächtig,
> Klug, fleissig und bedächtig!

Innocenz selbst rühmt in einem seiner Briefe (bei L.
de Bréquigni, dipl. vol. II, S. 223). Konrad's Edel-
muth, Würde und Ehrenhaftigkeit, seine Bildung und
Beredsamkeit in diesen Ausdrücken:

> vir tanta nobilitate conspicuus,
> tanta praedictus dignitate,
> tanta honestate praeclarus,
> tanta ornatus scientia
> et eloquentia praepollens.

Ein anderer Zeitgenosse, der Dichter Petrus d' Ebulo
(nach der Ausgabe von E. Winkelmann, S. 64) schildert in den folgenden Worten Konrad's Gerechtigkeit,
Liebe zur Kunst und seine Uneigennützigkeit:

> Hic Conradus adest, juris servator et aequi,
> Scribens edictum, certa tributa legens,
> Cancellos reserans, mundi signacula solvens
> Colligit Italicas alter Homerus opes.
> Nulla fames auri, sitis illi nulla metalli
> Dux evangelii, juris aperta manus.
> Angelus in multos nec non paracletus in omnes.

Und ebenso wird seine kluge Verwaltung in Italien
und Sicilien bei Ansbertus (historia de expeditione
Friderici (II) Imperatoris, S. 126) lobend anerkannt.
Aber nicht nur in Italien, auch in Deutschland liebte
man Konrad, den Kanzler des gerechten, tapfern König

Philipp. Als er seines Bisthumes Hildesheim entsetzt worden war, musste der Pabst am 2. Februar 1200 eine grosse Partei im Lande mit dem Banne bedrohen, weil sie von Konrad nicht lassen wollte, und als er Wirzburg aufgeben musste — wurde er wieder gewählt! Und der Pabst, welcher den gefährlichsten Gegner seines Günstlings Otto von Braunschweig in ihm erkannt, und ihn desshalb aller seiner Macht entkleidet hatte, muss endlich nachgeben und ihn doch bestätigen. Ein ehrgeiziger und prunksüchtiger Fürst mag vielleicht die Bewunderung seiner Untergebenen erwecken können, so lange er die Macht besitzt, aber niemals werden sie im Unglück zu ihm halten und seine Herrschaft von neuem zu befestigen helfen!

———✴———

Beweisstücke.

1182 o. O. u. D. *Conrad, Bruder des Burggrafen*, (castellani) *ist unter den sechs Domherren*, welche Erzbischof Wichmann zur Verwaltung gewisser Einnahmen bestimmt, bis die Wiederherstellung zweier goldener Kelche und zweier Armleuchter, welche er mit Genehmigung aus dem Kirchenschatze erhalten, vollzogen sein werde. (G. A. v. Mülverstedt, regesta ar. Magdb. I, S. 692—693. L. v. Ledebur, allg. Archiv, XVI, 271, O. v. Heinemann, Albrecht der Bär, 485—486).

1185 Mai 17. Magdeburg. *Conradus frater Burgravii Zeuge unter den Magdeburger Domherren*, als Erzbischof Wichmann zu seinem Seelenheile dem Kloster St. Johannis d. T. zu Hagenrode eine Hufe bei Westerhusen schenkt. (G. A. v. Mülverstedt, reg. arch. Magdb. I, 704, Beckmann, Hist. d. Fürstth. Anhalt I, 462, Heinemann, C. D. Anh. I, 469—470).

1185 o. O. u. D. *Conradus frater Burgrauii* (zwischen Heinricus, magister scholarum und Livdolfus prepositus) Zeuge des Erzbischof Wichmann von Magdeburg, welcher bekundet, dass er einen Vergleich zwischen seinem Verwandten, Dietrich Dom-Probst zu Naumburg und Dom-Custos zu Magdeburg, und dem Vogt Gerbrecht, über die Vogtei in Rodensleben zu Stande gebracht habe, nach welchem Gerbrecht sich verpflichtet, von gewissen 21 Hufen höheren Zins zu entrichten, und für Herbeischaffung von Holz für Ausbesserungen des Domkirchendaches behilflich zu sein, der Custos Dietrich aber allen Ansprüchen auf diese

Hufen entsagt. (G. A. v. Mülverstedt, regesta arch. Magdb. I, S. 707).

1185 o. O. u. D. *Conradus frater burgrauii* vorletzter geistlicher Zeuge des Erzbischof Wichmann, welcher vier Hufen und ebenso viele Hofstellen in Escher-stedt erwirbt, welche Konrad von Winningen vom Erzbischof, und von jenem Heidenreich von Schwemmer und dessen Schwestersohne Friedrich zu Lehen trug. Gegen Empfang von 57 Pfund Silber, welche das Kloster U. L. Frauen an die Lehensinhaber zahlt, verzichten jene in die Hände des Erzbischof auf jenes Land, welcher dasselbe dem genannten Kloster überträgt. (G. A. v. Mül-verstedt, reg. arch. Magdb. I, 709—710).

1185 o. O. u. D. *Conradus frater burgravii unter den Magdeburger Domherren Zeuge* des Erzbischof Wichmann, welcher die in der Markgrafschaft Lausitz gelegenen Güter des Kloster Nienburg erwirbt, und demselben dafür 10 Talente jähr-licher Einkünfte in den Dörfern Bobowe, Criwize und Bodendorp, im erzbischöflichen Lande Jüter-bog 100 Flandrische Hufen Ackerland, und 50 Hufen Wald und Weideland in dem Forst Ztre-kowe überweist. (G. A. v. Mülverstedt, reg. arch. Magdb. I, 712, Beckmann, Hist. d. Fürstenth. An-halt I, 439—440, Hoffmann, S. R. Lusat. I, praef. 31, neues Laus. Magazin, XI, 525, O. v. Heine-mann, C. D. Anh. I, 470).

1188 August 28. Nordhausen. *Conradus frater burcgravii Magdeburgensis* letzter Zeuge niederer Geistlich-keit des Kaiser Friedrich I, in Schutzurkunde für das Kloster S. Maria in Goslar, welches Vogt Folkmar und dessen Frau Helena gegründet ha-ben, und Verleihung der freien Wahl des Vogtes an dasselbe. (K. F. Stumpf, die Reichskanzler, acta imperii adhuc inedita, III, S. 236—238).

1188 September 1. Allstedt. *Conradus imperialis aulae cappellanus, frater burcgravii Magdeburgensis* letz-

ter geistlicher Zeuge der Urkunde, in welcher
Kaiser Friedrich das Kloster Walkenried in sei-
nen Schutz nimmt, und dessen Rechte und Be-
sitzungen bestätigt. (Urkundenbuch des histor.
Vereines für Niedersachsen, Abtei Walkenried I,
Heft 2, S. 28.)

1188 o. O. u. D. *Conradus frater burgravii* Zeuge des
Erzbischof Wichmann, welcher bekundet zu Eh-
ren und zur Vertheidigung seiner Stadt Magdeburg viele Last und Ausgaben getragen zu haben,
und derselben aus Mitgefühl über das in derselben vorgekommene Brandunglück, und anderer
noch möglicher Widerwärtigkeiten grosse Erleich-
terungen in der Rechtspflege gewährt. (G. A. v.
Mülverstedt, reg. arch. Magd. I, 728.)

1188 September 19. Bei dem Schlosse Lizeniz. *Con-
radus, Praepositus Goslariensis* Zeuge als Kaiser
Friedrich I. einen Freiheitsbrief für die Stadt
Lübeck ausstellt, deren Streitigkeiten mit den Gra-
fen von Schauenburg ausgleicht, und ihr die von
Heinrich dem Löwen gegebenen Privilegien be-
stätigt. (J. C. Lünig, d. Reichsarchiv B. XIII,
S. 1330—1331).

1188 November 22. Gernrode. *Conradus Goslariensis
prepositus* Zeuge des Kaiser Friedrich I. als er
das von den Grafen von Waltingerode gegrün-
dete Cistercienser Kloster in Waltingerode in
seinen Schutz nimmt. (Dr. K. F. Stumpf, die
Reichskanzler, acta imperii adhuc inedita, III,
S. 239—240).

1188 November 25. Gernrode. *Conradus prepositus Goslariensis* ist Zeuge, als Kaiser Friedrich I. dem
Bischof Eberhard von Merseburg gestattet, den
dortigen Markt zu erweitern, und die reichslehn-
bare Hofstätte des canonicus Bodo mit dem Kir-
chengute zu vereinigen. (L. A. Schultes, direc-
torium diplomaticum II, S. 333).

1189 Mai 10. Regensburg. *Conradus Goslariensis pre-*

positus Zeuge des Kaiser Friedrich in Bestätigungsurkunde des Klosters Reinfelden, welches
durch den Grafen Adolf von Schauenburg auf
reichslehnbarem Boden, auf welchen Herzog Bern-
hard von Sachsen verzichtet hatte, gestiftet worden war. (Böhmer acta imp. selecta, herausgegeben von J. Ficker, S. 151—152). ·
1190 März 25. bei Frankfurt. *Conradus, Goslariensis
prepositus* Zeuge des König Heinrich VI. in Urkunde für das Erzbisthum Köln, in welcher er
bestimmt, in demselben nur Münzstätten in Dort-
mund und Duisburg haben zu wollen, dass dort
keine, in Gewicht und Form, der Kölner Münze
ähnliche geprägt werden soll, dass er und der
Erzbischof die nach Kölner Art ausserhalb ge-
prägten Münzen in ihren Landen ausser Umlauf
setzen dürfen, und erneuert die Zollfreiheit, welche
die erzbischöflichen Städte zu Kaiserswerth geniessen. (A. Boczek, Codex dipl. et epistolaris
Moraviae, I, S. 330, Lünig, Rarch. XVI, spic.
eccl. I^b, 338, Lacomblet, Niederrhein. I, 365, Emen,
Geschichte Kölns I, 600, Kölner Apologie, 5).
1190 o. O. u. D. *Conradus prepositus sanctorum Petri
apostoli et Nicolai confessoris* Zeuge Erzbischof
Wichmann's von Magdeburg, welcher einen Streit
zwischen den Stiftsherren von St. Petri und St.
Nicolas und dem Custos daselbst über Opfergel-
der an dem Niclastage dahin entscheiden lässt,
dass der Custos einen Vierdung davon erhalten,
der Rest aber in die gemeine Kasse fliessen soll.
Ausserdem sollen 30 Schillinge zur Bedachung
der Kirche am Feste des Leidens des hl. Moritz
zurückgelegt werden, und ferner soll vom näch-
sten St. Moritzfeste (22. September) an, wieder in
jeder Nacht, der Altar des hl. Nicolas von einem
Leuchter mit Wachskerzen erhellt werden. (G.
A. v. Mülverstedt, reg. arch. Magdb. I, 738—739).
1191 o. O. u. D. *Conradus frater Burggravii Magde-*

gensis et ecclesie S. Nicolai prepositus Zeuge des
Erzbischof Wichmann von Magdeburg, welcher
der Probstei Seburg, wo seines Bruders Sohn,
Konrad, Probst ist, 10 Mark übereignet, und dem
Stifte die Kirchen zu Helfta, Bornleben, Osmünde,
Creme, Ozuik, Dusne, Aseleben, Erdesdorf, St.
Godehardi in Eisleben, Schwittersdorf nebst allem
Zubehör bestätigt, welche der Probst zur Ver-
besserung der Präbenden an die Stiftsherren ver-
geben soll. (G. A. v. Mülverstedt, reg. arch.
Magdb. I, 742—743).

1191 o. O. u. D. *Conradus prepositus sancti Nicolai*
Zeuge des Erzbischof Wichmann, welcher dem
Stift St. Petri und Nicolai einen Zehnten in Bis-
dorf übereignet, welchen das Stift für 30 Mark
Silber gekauft hat, nachdem Hugold von Calbe,
welcher denselben vom Erzstift zu Lehen hatte,
darauf verzichtet. (G. A. v. Mülverstedt, reg. arch.
Magdb. I, 743).

1191 o. O. u. D. *Conradus frater burgravii et prepositus
ecclesie beati Nicolai* Zeuge Erzbischof Wichmann's
welcher bekundet, dass sich unter den Gütern,
welche das Erzstift von den beiden verstorbenen
Fürsten, dem Pfalzgrafen Friedrich und dessen
Sohne Adalbert, erworben, auch solche befinden,
mit denen diese das Kloster Marienthal gestiftet,
oder welche sie an letzteres verkauft hatten. Zur
Verhütung von Streitigkeiten bestätigt er dem
genannten Kloster den Hof zu Degerekestorp mit
Zubehör, 11 Hufen in Mammendorf mit der Mühle
und dem Fischteiche, $8^1/_2$ Hufen in Eichenbarleben,
4 Hufen in Offleben, 1 Hufe in Sommersdorf, $^1/_2$
Hufe in Germersleben, $^1/_2$ in Cowelle, $^1/_2$ in
Brandsleben, mit dem rothen Felde. Gräfin Liu-
hardis habe geschenkt den Hof Lindestorp und
den Lappenwald, sowie einen Hof in Santorf.
Erzbischof Wichmann fügt noch hinzu $12^1/_2$ Hufen
in Retzlingen, $1^1/_2$ Hufen in Grasleben, das Dorf

Heinrichsdorf in dem erzstiftischen Lande Jüter-
bogk, 30 Hufen gross, und frei von Vogteigewalt
und Dienstpflicht, endlich einige bei seinem
Schlosse Seburg gelegene Anhöhen zur Anlage
von Weinpflanzungen. (Reg. arch. Mgdb. I, 744.)

1192 Oktober 27. bei Burg Herzberg. *Conradus Praepositus Vollacia* (von palatia, Pfalz, Kaiserliche
Hoflager-Städte wie in Goslar) ist Zeuge als Kaiser Heinrich bestimmt, dass in dem Bisthume
Fermo nur der kais. Delegat Abgaben erheben
darf. (F. Ughelli, Italia Sacra II, S. 698, La Farina stud. IV, p. CCXXVIII).

1192 December 14. Allstedt. *Cunradus prepositus Gos-
larie* Zeuge des Kaiser Heinrich für das Hospital
zu Altenburg, welches er in seinen Schutz nimmt,
dessen Besitzungen bestätigt, Schenkungen an
dasselbe von Freien und Dienstmannen gestattet,
und bestimmt, dass dasselbe keinen andern Vogt
als den König haben und keinem andern Kloster unterstellt werden soll. (Böhmer, acta imp.
s. S. 169, Staelin, wirt. Gesch. II, 131).

1193 März 28. Speier. *Cunradus Gosselariensis prepositus* ist Zeuge als Kaiser Heinrich dem Bisthum Passau die Marienabtei daselbst überlässt
und dafür das Gut Merdingen erhält. (Mon. boica
XXIX*, S. 471).

1193 März 29. Speier. *Cunradus Goslariensis prepositus*
ist Zeuge als Kaiser Heinrich dem Hospital zu
Sachsenhausen (gegenüber Frankfurt a. M.) auf
Bitten dessen Stifter's, Cuno's von Minzenberg,
das Königliche Allod am Frauenwege schenkt
J. C. v. Fichard, Frankfurtisches Archiv II, S.
90—91, Böhmer, Frankf. Arch. 18).

1193 April 5. Hagenau. *Cunradus prepositus Gsolarie*
Zeuge des Kaiser Heinrich, in einer Urkunde,
welche das Kloster Polirone mit dem dazu gehörigen Kloster Gonzaga und deren Besitzungen bestätigt, besonders aber die von den Kaisern, Kö-

nigen und Markgrafen erhaltenen, und sie von
öffentlichen Lasten befreit. (Böhmer, acta imperii selecta S. 170—171).

1193 Juni 28. Worms. *Cunradus goslariensis prepositus* ist Zeuge als Kaiser Heinrich den Erzbischof
Bruno (III.) von Köln mit dem Schlosse Ahr belehnt (Th. J. Lacomblet, Niederrheinisches Urkundenbuch I, S. 376, Emen und Eckertz, Köln.
Urkb. I, 603).

1193 Juni 29. Worms. *Cunradus prepositus Goslariensis* ist Zeuge als Kaiser Heinrich das vom Pfalzgrafen Rudolf von Tübingen gestiftete Cister-
cienser-Kloster Bebenhausen bestätigt und be-
günstigt. (Wirtembergisches Urkb. II, S. 297.)

1194 Februar 28. Saalfeld. *Conradus Aquensis praepositus* ist Zeuge als Kaiser Heinrich dem Kloster Steterburg seine Privilegien bestätigt. (G.
H. Pertz, mon. Germ. hist. Scrip. XVI, S. 228.)

1194 April 18. Aachen. *Conradus aquensis prepositus*
ist Zeuge, als Kaiser Heinrich die Bürger zu
Aachen von dem Zolle zu Eckendorf und Rudens-
. berg befreit (Th. J. Lacomblet, Niederrheinisches
Urkundenbuch I, S. 379).

1194 April 19. Aachen. *Conradus prepositus Aquensis*
Zeuge des Kaiser Heinrich, welcher seine Leute
und die Kaufleute von Kaiserswerth in seinen
Schütz nimmt, und ihnen die Zollfreiheit zu An-
germund, Nimwegen, Utrecht, Neuss, und allen
andern Orten, wie sie die Leute von Aachen geniessen, bestätigt. (Böhmer, acta imp. s. S. 174-175).

1194 Juni 1. Magdeburg. *Conradus Aquensis simul et
Goslariensis, necnon ecclesie beate Marie*[1]) *in Magdeburg prepositus* (hinter dem Domprobst und dem
von Hundisburg) ist Zeuge, dass Walter von Arn-
stein dem Kloster U. L. Frauen die Schutzvogtei
über zehn Hufen in Salbke überlassen hat, mit

---

[1]) In der Abschrift im Staatsarchiv zu Magdeburg steht „beati
Nicolai."

Ausnahme der schweren Verbrechen, welche dem Grafen von Barbi bleiben. (G. Hertel, Urkunden-buch des Klosters U. L. Frauen S. 64—65).

1195 März 30. Bari. *Ego Corradus imperialis aule can-cellerarius una cum domino Gualterio Siciliae et Apuliae cancellario recognovi* Schutzurkunde des Kaiser Heinrich für Kloster Montevergine, und dessen Befreiung von mehreren Abgaben (J. F. Böhmer, acta imperii selecta S. 182—183).

1195 März 30. Bari. *Ego Corradus imperialis aule can-cellarius una cum domino Gualterio regni Si-ciliae et Apuliae cancellario recognovi* Schenkungs-urkunde des Kaiser Heinrich und seiner Gemah-lin Constanze für Kloster Montevergine über das Gut Mercogliano, unter Befreiung von allen Ab-gaben und Verleihung der bürgerlichen Gerichts-barkeit. (J. F. Böhmer, acta imp. s. S. 183—184).

1195 April 4. Bari. *Ego Conradus imp. aul. canc. una cum Gualterio Troian. ep. et reg. Sic. et Apul. can. rec.* Bestätigungsurkunde des Kaiser Hein-rich über die Privilegien des Bischof Otto von Civita di Penne, welchem er Collalto Puliano und Pluviano schenkt. (Stumpf, Rkzlr. II, S. 449, Ughelli, 1, 1128.

1195 April 10. Trani. Kaiser Heinrich schenkt seinem Arzt und Caplan Berard, Archidiacon von Ascoli und dessen Brüdern und Erben die Burg S. Omero und das Dorf Aquavia *per manum Conradi imp. aule canc.* (Stumpf, die Reichskanzler, II, S. 449, Ughelli, I, 460).

1195 April 13. Barletta. *Ego Conradus dei gratia im-perialis aule cancellarius una cum domino Gual-terio regni Sicilie cancellario recognovi* Schutzur-kunde des Kaiser Heinrich und der Kaiserin Con-stanze für das Kloster S. Lorenzo (K. F. Stumpf, die Reichskanzler, acta imperii adhoc inedita III, S. 589—590).

1195 April 15. Barletta. *Ego Conradus imperialis aule*

*cancellarius una cum domino Gualterio Troiano
episcopo regni Siciliae et Apulie cancellario recognovi* Bestätigungsurkunde des Kaiser Heinrich
über alle Privilegien, welche das Erzbisthum Trani
zur Zeit des Königs Wilhelm besessen, und Be-
willigung für Einhebung von Zehnten zu Trani
und Barletta durch Aufstellung eigener Leute
an den Doganen daselbst. (Böhmer, acta imp.· s.
S. 184—185.

1195 April. 23. Casalnuovo (nordw. von Foggio). *Ego
Conradus impl. aul. canc. una cum Gualterio reg.
Sic. canc. rec.* Schutzbrief des Kaiser Heinrich
für das Bisthum Catania (Stumpf, die Reichskanzler II, S. 450).

1196 April 27. *Ego Conradus im. aul. canc. vic.* (statt
una cum) *Gualterio Troian. ep. et. reg. Sic. canc.
rec.* Verleihungsbrief des Kaiser Heinrich für
Reinwald v. Aquavia (Stumpf, die Reichskanzler
II, S. 450).

1195 April 27. (am Adriatischen Meere in Abruzzo.)
*Ego Cunradus imperialis aule cancellarius vice do-
mini Adolfi Coloniensis archiepiscopi, totius Italiae
archicancellarii recognovi* Bestätigungsurkunde des
Kaiser Heinrich über alle Rechte des Pfalzgrafen
Hildebrand von Tuscien, Uebertragung auf denselben von allen Reichsrechten in Massa maritima
und feierliche Belehnung desselben mit drei Fah-
nen über alle von ihm und seinen Vorfahren be-
sessenen Güter. (K. Stumpf, die Reichskanzler,
acta imperii adhuc inedita B. III, S. 272—273).

1195 April 29. Ortona. *Ego Conradus imp. aul. canc.
et Gualterius Troian. ep. et canc. reg. Sic. rec.*
Schenkungsurkunde für den Templerorden über
Güter in Apulien (Stumpf, die Reichskanzler, II,
S. 450).

1195 Mai 1. Ascoli di Marca. *Ego Cunradus imp. aul.
canc. una cum Gualterio Troian. ep. et reg. Sic. et
Apul. canc. rec.* Bestätigung der Privilegien für

das Bisthum Chieti und Schutzbrief für das Kloster S. Johannes Bapt. in Porto-Venere des Kaiser Heinrich (Stumpf, die Reichskanzler, II, S. 450,
Ughelli, Ital. Sac. VI, 718).

1195 (Mai) Rimini oder Faenza. *Ego Conradus imp.
aul. canc. vic. Adolfi Col. archiep. et tot. It. archicanc. rec.* kaiserlichen Schutzbrief für den Bischof
Hugo von Rimini (Stumpf, die Reichskanzler, II,
S. 450—451).

1195 (Mai) Bologna oder Ravenna. *Ego Conradus imperialis aule cancellarius vice Adolphi Coloniensis
Archiepiscopi et Italici regni archicancellarii recognovi* Schutzurkunde des Kaiser Heinrich für die
Abtei S. Maria zu Pomposa, und Bestätigung aller Rechte und Besitzungen, die volle Immunität,
wie das freie Erwerbungs- und das ausgedehn-
teste Rückforderungsrecht bezüglich ihrer Güter
(Stumpf, die Reichskanzler, acta imperii adhuc
inedita III, S. 273—277).

1195 Mai 20. Faenza. *Ego Conradus imp. aul. canc.
vic. dom. Adolfi Col. archiep. tot. It. archie. rec.*
Schutzurkunde des Kaiser Heinrich für das Ca-
maldulenser Kloster S. Hippolitus zu Faenza
(Stumpf, die Reichskanzler, II, S. 451).

1195 Mai 29. Piacenza. *Ego Conradus imp. aul. canc.
vic. dom. Adolfi Col. archiep. et tot. It. archican.
rec.* Bestätigung für das Bisthum Parma und über
dessen Gerichtsbarkeit; und an demselben Tage
Gnadenurkunde für Venerosus, Sohn des Pfalzgrafen Brandighi, des Kaiser Heinrich (Stumpf,
die Reichskanzler, II, S. 451, Ughelli, II, 174)

1195 Juni 4. Mailand. *Ego Conradus cancellarius vice
domini Adolfi Coloniensis archiepiscopi tocius Italie
archicancellarii recognovi* Schutzbrief des Kaiser
Heinrich für das Kloster S. Maria zu Casanova
(bei Turin), und Befreiung des Abtes und seiner
Nachfolger von dem juramentum calumpniae

5

(Stumpf, die Reichskanzler, acta imp. ad ined.
III. S. 591—592).
Und an demselben Tage Schutzbrief für die
Abtei Morimondo (Stumpf, die Reichskanzler, II,
S. 452.)

1195 August 24. Hagenau. *Conradus imp. aul. cancellarius* Zeuge des Kaiser Heinrich in einem Schreiben an den Bischof von Minden, in welchem er
gewissen Dienstmannen befiehlt, ihre Pflicht zu
thun, oder durch das Gottesurtheil des glühenden
Eisens ihre Freiheit zu beweisen. (Stumpf, die
Reichskanzler, II, S. 453, Erhard, cod. Westf.
II, DXLII, Würdtwein, sub X, 10.)

1195 September 17. Kaiserslautern. *Ego Cunradus
canc. vic. dom. Cunradi Mog. archiep. et archican.
rec.* Bestätigungsurkunde des S. Simeonstiftes zu
Trier durch Kaiser Heinrich (Stumpf, die Reichskanzler, II, S. 453,

1195 Oktober 20. Wirzburg. *Ego Conradus imp. aul.
canc. vic. Cunradi Mog. arch. et tot. Germ. archican. rec.* Bestätigungsurkunde für den Grafen von
Holland durch Kaiser Heinrich (Stumpf, Reichskanzler, II, S. 453).

1195 Oktober 24. Gelenhausen. *Ego Conradus imp. aul.
can. vic. dom. Conradi archiep. Mag. et Germ. archican. rec.* Bestätigungsurkunde des Kaiser Heinrich für den Grafen Adolf von Schauenburg
(Stumpf, Rkzl., II, 453).

1195 Oktober 27. Gelenhausen. *Ego Cunradus imperialis aule cancellarius vice domini Cunradi Mo-
guntini archiepiscopi tocius Germanie archicancellarii recognovi* Urkunde des Kaiser Heinrich, welcher das Dorf Wenzendorf an Kloster Pforte gegen Einkünfte abtritt, welche bisher der Mark
Meissen und dem Stift Quedlinburg, denen das
Dorf je zur Hälfte gehörte, zustanden. (Böhmer,
acta imp. s. S. 186, Stumpf, die Reichskanzler, II.
S. 454).

1195 Oktober 27. Gelenhausen. *Ego Cunradus imperialis aule cancellarius vice domini Cunradi Mo-
guntini archiepiscopi tocius Germanie archicancellarii recognovi* Urkunde des Kaiser Heinrich, in
welcher dem Bischof Eberhard von Merseburg
gestattet wird, den Markt daselbst bis zur Brücke
auszudehnen, und bei der Thomaskirche einen
zweiten einzurichten (Stumpf, die Reichskanzler,
II, S. 454, Schultes, direct. II, 370).

1195 Oktober 27. Gelenhausen. *Ego Cunradus imperialis aule cancellarius vice domini Cunradi Mo-
guntini archiepiscopi tocius Germanie archicancellarii recognovi* die Bestätigung aller Privilegien
für das Kloster Sichem durch Kaiser Heinrich
(Stumpf, die Reichskanzler, II, S. 454, Kreissig,
Beiträge zur sächs. Hist. III, 427).

1195 Oktober 28. Gelenhausen. *Ego Cunradus imperialis aule cancellarius vice domini Cunradi Mo-
guntini arhhiepiscopi tocius Germanie archicancellarii recognovi* Bestätigungsurkunde für das Erzstift Magdeburg, über die Güter Möckern und
Schalen, welche die Markgrafen von Brandenburg
geschenkt haben (Stumpf, Reichskanzler, II, S.
454, Gercken, Cod. Brd. III, 57, Orig., Guelf III, 602).

1195 November 13. Worms. **Johannes** *(sic.) imp. aul.
canc. subsc. cum consensu Conradi Mag. sed. archiep.
et Germ. archicanc. rec.* Erhebungsurkunde in den
Reichsfürstenstand des Abt von Pfeffers, Rud-
pert von Monteforte, durch Kaiser Heinrich
(Stumpf, Reichskanzler, II, S. 454).

1195 November 28. Kaiserslautern. *Ego Conradus Hildeneshemensis electus, imperialis aule cancellarius
vice Conradi Maguntine sedis archiepiscopi et totius
Germanie archicancellarii recognovi* Belehnungsurkunde des Kaiser Heinrich für Thomas von
Annone (Stumpf, die Reichskanzler, acta imp. ad.
ined. III, S. 277—278, Staelin, wirtb. Geschichte,
II, 132.

1195 November 28. Kaiserslautern. *Ego Conradus Hilde-*
neshemensis electus, imperialis aule cancellarius vice
Conradi Maguntine sedis archiepiscopi et totius Ger-
manie archicancellarii recognovi Urkunde des Kaiser Heinrich, in welcher alle Rechte und Besitzungen des Kloster Otterberg bestätigt werden.
(Frey und Remling, Urkb. des Klosters Otterberg, Urk. Nr. 4, Hennes, Geschichte der Grafen
von Nassau, I, 229, Stumpf, die Reichskanzler,
II, S. 454.)

1195 December 5. bei Worms. *Conradus Hildeneshei-*
mensis electus imperialis aule cancellarius bestätigt
der St. Andreaskirche zu Hildesheim gemachte
Erwerbungen (H. A. Lüntzel, Geschichte der Diöcese und Stadt Hildesheim, B. I, S. 504.

1195 December 5. Worms. *Ego Conradus imp. aule*
canc. vic. Conradi Mog. archiep. et tot. Germ. ar-
chican. rec. Bestätigungsurkunde für das Stift
Heiligenkreuz zu Hildesheim, insbesondere über
das Vogteirecht seiner Güter, wofür das Stift
Geld- und Naturalabgaben an den Bischof daselbst su geben hat, welcher aus dem Domkapitel
einen Pfleger über diese Güter bestellt (Archiv
des hist. Vereines für Niedersachsen, 1844, 24,
Stumpf, die Reichskanzler, II, S. 455).

1195 December 7. Worms. *Ego Conradus Hildenesh.*
elect. imp. aule canc. vic. Conradi Mag. archiep. et
tot. Germ. archican. rec. Bestätigungsurkunde für
Kloster Ichtershausen (Stumpf, die Reichskanzler,
II, S. 455, Schultes, direct. II, 372.)

1195 December 7. Worms. *Ego Conradus Hildenesh.*
elect. imp. aule canc. vic. Conradi Mag. archiep.
et tot. Germ. archican. rec. Urkunde Kaiser Heinrich's, in welcher dem Abt von Georgenthal bestätigt wird, dass Ludwig v. Wangenheim an das
Kloster einen Theil des Dorfes Katerfeld verkauft habe, welches dem Schirmherrn des Klosters, dem Grafen von Kefernburg übergeben

worden ist (Stumpf, die Reichskanzler, II, S. 455,
Schultes, director. II, 373, Thuringia sacra, 478),
1195 (?) im December. (?) Hildesheim. *Conradus Hil-
deneshcimensis electus* verleiht auf dem Chore der
Jungfrau Maria in der Domkirche zu Hildesheim
dem Kloster Stederburg ein Gut zu Stedern (H.
A. Lüntzel, Geschichte der Diöcese und Stadt
Hildesheim, B. I, S. 504).
1196 Jänner 8. Hagenau. *Ego Cunradus Hildenesh.
elect. imp. aule canc. vic. Cunradi Mag. scd. archiep. et tot. Germ. archiecan. rec.* Bestätigungsurkunde des Kaiser Heinrich für Kloster Herren-
alb über die von Eberhard v. Strubenhart zu
Dertingen erworbenen Güter (Wirtb. Urkb. II,
312, Mone, Zeitschrift, I, 109, Stälin, Wirtb. Gesch.
II, 333, Stumpf, die Reichskanzler, II, S. 455.
Von Ende December 1195 bis Ende Juni 1196.

Konrad, von Gottes Gnaden, Erwählter
von Hildesheim, des Kaiserlichen Hofes und
des Reiches Sicilien Legat, seinem theuren
H., Probst der Hildesheimer Kirche, Gruss
und innigste Liebe.
Da die tapfere Rechte unseres sehr erhabenen, ruhm-
vollen und immer glücklichen Herrn, Heinrich, Römischer Kaiser und König von Sicilien, das Reich so
weit ich gehe durch die Schärfe des Schwertes erwei-
tert hat, dass dasjenige, welches wir, einst bei Euch
in den Schulen untergebracht, in einem Räthsel, wie
in einem Spiegel, nur mit dem Ohre vernommen,
mit leiblichem Auge nun in Wirklichkeit erkannt haben: so hielten wir nicht für überflüssig Euch darüber
zu berichten, damit wir, jedes Bedenken Eures inneren
Zweifel entfernend über das, was Euch vielleicht werth-
los oder unwahrscheinlich erscheint, die Sehnsucht das
zu sehen, was Ihr höret, in Euch entzünden; dass das,
was jetzt fremd Eurem Ohre so zweifelhaft ist, in voller Glaubwürdigkeit bekannt werde und das Geheim-
nissvolle erschlossen sei. Noch möge Euch das schwie-

rig erscheinen: es ist nicht nothwendig über die Grenzen des Reiches hinaus zu gehen, Ihr möget nicht glauben, dass der Kreis der deutschen Herrschaft zu überschreiten sei, damit ihr dasjenige sehet, welches zu beschreiben die Dichter so viele Zeit gebrauchten. Nachdem auf mühevollem Wege der Schnee der Alpen überwunden ist, bietet sich uns zuerst Mantua dar, die Nachbarin des so sehr unglücklichen Cremona. An diesen Städten und den Arbeiten von Mutina (das häufig zerstörte alte Modena) schnell vorübergehend, standen wir nicht ohne Erstaunen an den armseligen Wässern des Rubico (jetzt Pisatello). Deren Spärlichkeiten betroffenen Blickes betrachtend, haben wir die Gabe des beredten Dichters Lucanus (aus Cordoba) bewundert, welcher eine so unbedeutende Sache durch grosse Fülle der Sprache wachsen liess. Nicht weniger würden wir erstaunt gewesen sein, dass ein so geringer Bach — nicht einmal Fluss — dem in keiner Gefahr gebrochenen Muthe eines so grossen Feldherrn, des Julius Cäsar nämlich, Furcht einflössen oder der Uebergang Schwierigkeit bereiten konnte, wenn wir nicht aus der Versicherung der Eingebornen erkannt hätten, dass dieser Rubico mit erlangter Hilfe von Regengüssen und Sturzbächen häufiger nach Art eines bleibenden Stromes anschwillt. Nachdem er ohne Schwierigkeit überschritten war, was dem Julius (Cäsar) nicht gelingen konnte, durch Pisaurum (eigentlich wohl Pensaurum, jetzt Pesaro in Umbrien), welches von dem Abwägen des Goldes von den Alten den Namen erhielt, weil den zur Besiegung auswärtiger Völker ausrückenden Römischen Soldaten hier das Gold zugewogen und vertheilt wurde, Goldmünzen nämlich, kamen wir zu der Stadt Fanum (jetzt Fano an der Küste von Umbrien), wo die ausziehenden Soldaten bei den Tempeln der Götterbilder, deren Ueberreste bis jetzt vorhanden sind, beteten und den Göttern für ihre glückliche Heimkehr Gelübde machten, welche sie mit Dankhandlungen, von den geschlagenen Feinden siegreich heimkehrend, hier erfüllten. Von dort, nicht ohne Schwierigkeit das Appenninengebirge betretend, gelangten wir nach Sulmo (Solmona Provinz Abruzzo) der Heimath jenes Ovid, mehr als Geburtsort eines so grossen Dichters, als durch das Lob seines Reichthumes berühmt, da wir nicht andere Kostbarkeiten dort als sein eiskaltes Wasser gefunden. Daher Ovid selbst: Sulmo, meine Vaterstadt, überrreich an kalten Wässern. Wir haben dasselbe — um die Wahrheit zu sagen — auch an eisigem Schnee nicht weniger reich gefunden. Nahe bei diesem Ort fanden sich wunderbare Bäume, wer von diesen, wie man behauptet, einen Zweig bricht, verfällt entweder in demselben Jahre noch dem Verderben des Todes, oder vermeidet den Anfall eines langen und sehr heftigen Fiebers nicht. In diese Bäume versichert man — wenn es zu glauben würdig ist — seien die Schwestern des Phaëton nach dem thränenreichen Begräbniss des Bruders durch die Erbarmung der Götter verwandelt worden. (Phaëton wurde durch einen Blitz des Zeus erschlagen, weil er mit dem Sonnenwagen der Erde zu nahe gekommen war). Von dort an der Stadt Thetis, wo Thetis die Mutter des Achilles wohnte, vorüberziehend, liessen wir zur Rechten die Stadt Nympha, wo der Lieblichkeit der Quellen wegen die Nymphen, nach der Sage, lebten und gefeiert wurden. Auch Cannae (in Apulien) besichtigten wir, wo (216 vor Christi) so viele Tausende edler Römer von Hannibal getödtet wurden, dass mit den Ringen der Gefallenen zwei Scheffel (eine österreichische Metze) angefüllt wurden, da die Edlen zu jener Zeit so vielfach sich der Ringe bedienten. (Es war ein Vorrecht des erblichen Römischen Ritterstandes zur Zeit der Republik, solche tragen zu dürfen.) Von dort kamen wir an der Stadt Jovianum vorüber, welche gleichsam Jupiter-Stadt genannt wird, weil dort Jupiter (der Beherrscher des Himmels) geboren sein sollte. Auch wollen wir nicht mit Stillschweigen übergehen, dass wir an der Pega-

seischen Quelle, dem Wohnsitze der Musen vorüber-
kamen, von welcher Ihr jetzt ohne Schwierigkeit trin-
ken und schöpfen könntet, wenn es Euch beliebte, zu
welchem Genusse einst die Dichter nach langen Be-
strebungen und Arbeiten gelangten. Jetzt also, um
zum Genusse jener Quelle zu gelangen, ist es nicht
mehr nothwendig über die Sauromatas (Sarmaten, Be-
wohner des Norden) hinaus und bis zum äussersten
Indus (Fluss in Indien) zu reisen. Diese Quelle ist in
unserem Reiche, nicht weit zeigt sich ein Berg Parnassus, (eigentlich in Mittelgriechenland) in welchem
Deucalion (König von Pythia in Thessalien) mit seiner
Gemahlin (Pyrrha) durch das Werfen von Steinen (aus
denen wieder Menschen wurden) den Untergang des
Menschengeschlechtes nach der Wasserfluth (welche
Jupiter zur Vertilgung desselben gesandt hatte) ab-
wandte. Hier ist auch ein Berg Olymp (eigentlich in
Thessalien gelegen) von solcher Höhe, dass die übrigen erhabenen Berge nur weit unter seinem Fusse zu
liegen scheinen. Dort giengen wir vorüber an Cajanum, welches ein Tempel des Janus (zu lesen casa Jani
für casa jam fuit) war und desshalb Cajanum genannt
wird, und dem Ort, welcher Kopf der Minerva heisst,
weil hier Minerva (die Göttin der Weisheit, der Künste
und Wissenschaften) verehrt wäre, das klippenvolle
Gestade des Meeres entlang, welches Palinurus genannt wird, weil dort nackend im äusseren Sande Palinurus lag, bis jetzt die Schande des Aeneas (der Ahn-
herr der Römer) wach erhaltend, da er hier den alten
Palinurus (seinen Steuermann, welcher eingeschlafen
war) in den fremden Wellen begrub. Wir sahen auch
Neapel, das mühevolle Werk des Virgil, bezüglich dessen uns die Schicksalsgöttinen wunderbar zugetheilt
hatten, dass wir die Mauern der Stadt, welche ein solcher Denker gegründet und errichtet hat, auf Befehl
kaiserlicher Verordnung zerstören mussten. Es nützte
den Bürgern nicht das Bild dieser Stadt, von Virgil
durch Zauberkunst in eine Glasflasche mit enger Münd-

ung eingeschlossen, zu deren Unversehrtheit sie ein Vertrauen hatten, dass, so lange dieses Fläschchen unverletzt bliebe, die Stadt keinen Schaden erleiden hönnte. Das Fläschchen wie die Stadt haben wir in unserer Gewalt, und die Mauern haben wir zerstört, während das Fläschchen unversehrt blieb! Aber vielleicht, weil die Flasche ein wenig gesprungen ist, hat sie der Stadt Nachtheil gebracht. In dieser Stadt ist auch ein ehernes Ross, durch Zauberformeln von Virgil der Art gegildet, dass, so lange jenes unversehrt bleibt, kein Pferd sich überschlagen (redorsari, italienisch „a ridosso" auf dem Rücken) kann, da doch dieser Naturfehler jenem Lande eigen ist, so dass wie vor der Bildung jenes Rosses, nach seiner geringsten Beschädigung kein Pferd ohne Rückenbruch den Reiter eine Weile tragen kann. Hier ist auch ein äusserst festes Thor, nach Art einer Burg gebaut, mit metallenen Thüren, welche jetzt die kaiserlichen Anhänger besitzen, an welchem Virgil eine eherne Fliege angebracht hatte, und so lange solche unverletzt, nicht eine Fliege in die Stadt eindringen konnte. Hier in einem nahen Schlosse, auf einer Höhe der Stadt, von allen Seiten vom Meere umschlossen, befinden sich die Gebeine Virgil's, wenn sie der Freiheit der Luft ausgesetzt sind, verdunkelt sich die Erde, das Meer wird vom Grunde aufgewühlt, braust mit geschwollenen Winden und unerwartet erhebt sich das Getöse des Sturmes, was wir gesehen und erfahren haben. In dem nahe gelegenen Orte Bajae, (bei Neapel an der Küste zwischen Cumae und Puteoli) dessen die Schriftsteller erwähnten, sind die für einzelne Leiden des Körpers nützlichen Bäder des Virgil. Unter diesen Bädern ist eines besonders wichtig und gross, in welchem in heutiger Zeit die Bilder, die einzelnen Leiden der einzelnen Theile des Körpers darstellend, durch das Alter zerstört sind. Es sind dort auch noch andere einzelne Bildnisse von Gyps, die einzelnen Bäder vorstellend, wie sie den besonderen Leiden heilbringend werden. Hier ist der Palast der Sibylla (Priesterin und Wahrsagerin des Apollo) aus grossen Baulichkeiten bestehend, in welchem sich das Bad befindet, welches in unseren Tagen Bad der Sibylla genannt wird. Hier ist auch der Palast, aus welchem angeblich Helena von Paris geraubt wurde. (Helena, Tochter der Leda und des Jupiter wurde ihrer Schönheit wegen nach Troja entführt, wodurch ein langjähriger Krieg entstand.) Wir kamen auch an der Insel Scyron vorüber, (eigentlich im ägäischen Meer, hier liegt nur Procida) auf welcher Thetis (eine Meernymphe, Gemahlin des Peleus) ihren Sohn Achilles (den Held von Troja, Sohn des Königs von Thessalien) aussetzte so lange sie die Gefahren der Weissagungen und die Nachstellungen der Griechen fürchtete. Nun mit Mühe die rauhen, unwegsamen Gegenden Calabriens durchziehend, auf dem Wege nach Sicilien, giengen wir nicht ohne Furcht zu Schiffe an Scylla und Charybdis vorüber, durch welchen Ort zu gelangen niemals einem Sterblichen gesunden Leibes ohne Grauen beschieden war. (Scylla ist ein hoher vorspringender Fels am Eingange der sicilianischen Meerenge, dem gefährlichen Strudel Charybdis gegenüber.) Bei Beginn in Sicilien sahen wir das Haus des Dädalus, (berühmter Baukünstler der griechischen Sage) auf dem Wipfel eines Berges errichtet, in welchem Minotaurus (halb Mensch halb Stier) eingeschlossen, die Schande der Mutter in der Finsterniss des Dasein sühnte. Wesshalb der Ort bis jetzt Taurominium (Taormina an der Ostküste von Sicilien) genannt wird, von Minotaurus, oder gleichsam die Stadt des Stieres, mit welchem Pasiphae (Tochter des Sonnengottes Helios und Gemahlin des Königs Minos in Creta) den Minotaurus erzeugte. Wo, die vermengten unteren Theile und Ueberreste der Mauern jenes Hauses, wie wir sahen, sehr viele zerstreute Spuren zurückgelassen haben. Und das angrenzende Meer wird Icarisches genannt, weil Icarus, den Befehl des Vaters missachtend, hier gegen die Natur des Men-

schen mit Hilfe von Flügeln die Luft durchschneidend,
auf traurige Weise sein Ende fand (er schwang sich
so hoch, dass die Sonne seine Flügel von Wachs er-
weichte und er in das Meer stürzte). Darauf kamen
wir zum Berge Etna, in welchem Vulcan der Arbeiter
des Jupiter, mit seinen riesigen Helfern dessen Blitze
schmiedete. In diesem speien die ungeheure Feuer-
stätte und das schreckliche Feuer als Funken uner-
messliche Felsblöcke in Art von Eisenschlacken, welche
heutigen Tages bis zur Ausdehnung menschlicher Wohn-
stätte (oder bis zur Länge einer Tagesreise, ad dietae
longitudinem) das Pflanzenreich und die ganze Oberfläche der Erde rings herum bedecken, dass jene ganze
Provinz für die Bebauer noch nicht geeignet ist: durch
ihre Menge aber die vorerwähnten Felsblöcke den
Reisenden gänzlich den Durchgang versagt haben.
Solcher Kohlen, welche nicht leicht von den ungeheu-
ren Winden der Blasebälge angefacht werden könn-
ten, bedurfte dieser, harte Verfertiger der Blitze. An
der Seite des genannten Berges Etna ist ein sicherer
und lieblicher Ort, welchem die Göttin Ceres (des
Ackerbaues und des Friedens) um das einzige Kind
besorgt, nicht ohne Thränen die einzige Tochter Proserpina übergab. Hier ist eine nicht unbedeutende
Oeffnung der Erde, welche die Dunkelheit schreckli-
cher Finsterniss anfüllt. Wo Pluto, (der Gott der Unterwelt) als er im Begriffe war die Proserpina (bei
Blumenleesen) zu rauben, hervorgebrochen sein soll.
Dieser vorgenannte Feuerherd des Etna bestand bis
zur Zeit der Jungfrau Agatha, und da er einmal stär-
ker als gewöhnlich ausgebrochen war, so dass er die
Oberfläche der ganzen Erde einnahm, und viele Tausende von Menschen durch die Gewalt der Flammen
vernichtet wurden, da hielten die Ungläubigen, welche
viele Wunder gesehen hatten, die der Herr durch die
Verdienste der glückseligen Jungfrau Agatha zu voll-
bringen sich gewürdiget hat, ein Tuch derselben den
erwähnten Flammen entgegen, und diese Flamme, wie

vor der Gewalt des Windes fliehend, zog sich in das
Innerste der Erde zurück und erschien nie wieder in
Sicilien; dieses Feuer selbst aber gieng auf einen im
Meere gelegenen Felsen über: wo in heutigen Zeiten
unaufhörlich ein dichter Wirbel von Flammen und
Asche ausdampft. Wesshalb dieser Fels gewöhnlich
Vulcan genannt wird, weil von Unwissenden geglaubt
wird, dass Vulcan, der Arbeiter des Jupiter, sich vom
Etna auf jene Klippe begeben habe. Nahe bei die-
sem Orte ist die Stadt Syracus, von welcher Virgil
sagt:

Zuerst hat die Göttin der Gelehrsamkeit sich
gewürdigt in Syrakusischen Versen zu spielen.

Neben dieser Stadt entspringt auf dem Gestade des
Meeres die Quelle Arethusa, welche zuerst der besorg-
ten Mutter auf Befehl den Raub der Proserpina enthüllt
hat. Neben dieser Quelle Arethusa fliesst nahe der in Ar-
kadien entspringende Alpheus vorüber und durch die
Mitte des Meeres bis nach Sicilien hinab, und strebt
dort, nachdem er seine Gestalt verändert, sich den Ge-
wässern zu vermengen (der Stromgott Alpheus verfolgte
nach der Sage die Nereide Arethusa bis auf die Insel
Ortygia bei Syracus, wo er sich mit ihr vereinigte).
Hier sahen wir warme Bäder (Thermae, Stadt an der
Südküste der Insel) deren die Schriftsteller häufiger
erwähnten, und Pelorum, Pachynum und Lilybaeum
(capo di Faro oder Faro di Messina, [im Norden] capo
di Passaro [Südspitze an der Seite nach Griechenland]
und Capo di Boco [im Westen]), drei Vorgebirge Siciliens. Wir sahen hier Ungläubige, welche nur mit
dem Speichel (wohl durch starkes Anblasen) giftige
Thiere tödten; auf welche Weise ihnen diese Kraft
mitgetheilt worden, wollen wir kurz berühren. Der
Apostel Paulus landete nach dem Schiffbruch an der
Insel Capreae (Capri vor Neapel), welche in den Handlungen der Apostel Mytilena heisst, und mit vielen
anderen sich rettend, wurde er von den Eingebornen
freundlich aufgenommen. Und da diesen Schiffbrü-

chigen von den Eingeborenen ein Feuer von Reisig
aufgerichtet wurde, kam, die Hitze des Feuers fliehend, eine Schlange hervor, welche in dem Holz ge-
lagert hatte, und nachdem sie mit giftigem Bisse die
Hand des Paulus verletzt hatte, mit eingedrückten
Zähnen hängen blieb. Als das die Eingeborenen sahen, sprachen sie: wirklich, dieser Mensch, welchen Gott kaum aus der Gefahr des Schiffbruches
errettet, in die Strafe noch sichereren Todes gesetzt
hat, ist ein Sünder und Lasterhafter und nicht des
Lebens würdig. Paulus aber schüttelte unerschrocken
die Hand und sogleich ist sie gesund. Darüber erstaunt, begannen die Ungläubigen Paulus zu verehren.
Daher ist durch die Verdienste des Paulus, zur Be-
lohnung seiner Menschlichkeit, dessen Wirthe und seinen Kindern und Enkeln bis jetzt die Gabe ertheilt,
dass sie nur durch den Speichel giftige Thiere zu
tödten vermögen, und dass in einen beliebigen Ort,
welchen diese ein Mal im Kreise umschritten haben,
für alle Zeit ein giftiges Thier nicht eindringt, noch
irgend eine Schlange sie zu berühren wagt. Wenn
daher Jemand einen Sohn erzeugt, so legt er ihn allein mit einer Schlange in ein Schiffchen und lässt
dieses längere Zeit umhertreiben. Wenn er dann das
Kind unverletzt zurückempfängt, erkennt er dessen
Vater zu sein und drückt es mit zärtlicher Liebe an
sein Herz. Wenn er dasselbe aber verwundet auffin-
den sollte, so zerreisst er stückweise seine Glieder und
verurtheilt seine Frau zur Strafe für den Ehebruch.
Ausserdem bringen wir zur Kenntniss, dass bei Neapel ein gewisses Thor ist, welches das eiserne genannt
wird, in welchem Virgil alle Schlangen jener Gegend
eingeschlossen hat, von denen es wegen der zahlreichen unterirdischen Baulichkeiten und Gewölbe hier
eine Menge giebt. Dieses eine Thor unter den übrigen fürchteten wir zu zerstören, damit die darin befindlichen Schlangen, aus ihrer Gefangenschaft her-
vorkommend, nicht das Land und die Eingeborenen

belästigen möchten. In dieser Stadt ist ein Fleisch-
markt, der Art von Virgil erbaut, dass das Fleisch
des getödteten Thieres in demselben durch sechs Wochen (sechsmal sieben Tage) frisch und unverdorben
bleibe, wenn es (früher) herausgenommen wird übel
riecht und faul erscheint. Vor der Stadt befindet sich
der Berg Vesuv, aus welchem das Feuer alle zehn
Jahre ein Mal, viele übelriechende Asche mit sich wäl-
zend, auszubrechen pflegt: welchem Virgil einen eher-
nen Mann, eine gespannte Wurfmaschine mit auf der
Sehne liegendem Pfeile haltend, gegenübergestellt hatte.
Ein Landmann diesen bewundernd, weil das immer
gespannte Wurfgeschoss niemals verletzte, (losgieng)
setzte die Sehne in Bewegung. Der fortfliegende Pfeil
erschütterte das Innerste des Berges und sofort brach
die Flamme hervor und wird bis jetzt in gewissen
Fällen nicht zurückgehalten. Vor dieser Stadt ist eine
Insel, gewöhnlich Ischia genannt, auf welcher ununterbrochen Feuer mit Schwefeldampf ausgestossen wird,
der Art, dass es alles angrenzende allmählig, selbst
Felsen und Klippen, verzehrte und dort die Spuren
des Schlosses gar nicht mehr sichtbar sind. Es wird
auf das Bestimmteste versichert, dass hier die Münd-
ung der Unterwelt und die Orte der Plage seien. Hier
soll auch Aeneas in die Unterwelt gestiegen sein. Es
werden auch nahe bei diesem Orte jeden Sabbat um
die neunte Stunde (drei Uhr Nachmittags) in einem
gewissen Thale schwarze und von Schwefeldampf ent-
stellte, fliegende Gestalten (Vögel) gesehen, welche hier
während des ganzen Sonntags ausruhen und zur Abend-
zeit mit grossem Schmerz und Klagen zurückkehren
und in einen siedenden See herabsteigen, um nur erst
am folgenden Sabbat wiederzukehren. Einige halten sie
für die geängsigten Seelen oder böse Geister. Hier
(auf Ischia) ist auch ein wilder Berg, zu welchem wir
durch einen unterirdischen Weg durch die Mitte des
höchsten durch solche Finsterniss gelangten, als wollten wir in die Unterwelt steigen. Auf dem inner-

sten Grunde dieses Berges sind die grössten Paläste und Dörfer, wie die grössten Städte, und unterirdische Ströme und siedende Gewässer, welche einige von uns sahen und unter der Erde einen Raum von ungefähr zwei Meilensteinen (zwei Tausend Schritt) durchschritten. Hier, wird versichert, seien die Schätze von sieben Königen aufbewahrt, welche böse Geister, in erzernen Gestalten eingeschlossen, bewachen, verschiedene schreckliche Bilder vorstellend: dieser mit gespanntem Bogen, dieser mit Schwertern, dieser mit anderen Waffen drohend. Dieses und vieles andere haben wir gesehen, dessen wir im Einzelnen nicht gedenken können. (G. Leibnitz, Scrp. II, 695 ff.)

Dr. Laurent, Geschichtsschreiber der deutschen Vorzeit, XIII. Jahrhundert, B. 3, hat nach einem ganz anderen lateinischen Text übersetzt, wie ich.

1196 Jänner 20. Borgo San Donnino. *Nos Conradus Dei gratia Hildesemensis ecclesie electus, imperialis aule cancellarius et tocius Italie et regni Sicilie et Apulie legatus*, verordnet Waffenstillstand zwischen Cremona und Mailand nebst deren Bundesgenossen auf 30 Tage nach Ankunft des Kaisers in Italien (Th. Toeche, Kaiser Heinrich VI., S. 632).

1196 Jänner 20. Borgo San Donnino. *Nos Conradus Dei gratia Hildesemensis ecclesie electus, imperialis aule cancellarius et tocius Italie et regni Siclie et Apulie legatus* befiehlt den Ortsvorstehern von Cremona den Einwohnern von Piacenza die gemachte Kriegsbeute zurückzugeben (Th. Toeche, Kaiser Heinrich VI, S. 632).

1196 Jänner 21. Hagenau. *Ego Conradus imp. aul. vic. Conradi Mog. sed. archiep. et tot. Germ. archicanc. rec.* Schenkungsurkunde über 100 Mark des Kaiser Heinrich's an Kloster Schönau (bei Heidelberg) (Stumpf, Reichskanzler, II, S. 455, Guden, sylloge 39).

1196 März 6. Gelenhausen. *Ego Conradus Hildenesh. elect. imp. aul. canc. vic. Conradi Mog. sed. archiep.*

et tot. Germ. archicanc. rec. Bestätigungsurkunde
für das Bisthum Utrecht, welchem der Herzog v.
Brabant die Grafschaft Weluwe abtritt, und mit
seinen Erben dieselbe vom Bisthum als Lehen zu-
rückerhält (Miraeus, op. dipl. I, 289, Dumont
corps I, 120, Bondam, Chartb. v. Gelderl., 255,
263, Beca et Heda, ep. Ultraj. 318, Mieris, Chartb.
I, 31, Stumpf, Reichskanzler, II, S. 455).
1196 April 9. Wirzburg. *Ego Conradus imp. aul. canc.
et Hildenesh. eccl. elect. vic. Conradi Mag. archiep.
et archicanc. rec.* Kaiser Heinrich's Bestätigungsurkunde der Privilegien des Erzstiftes Magdeburg.
(Stumpf, Reichskanzler, II, S. 456, Ludewig, reliqu.
man. XI, 589, Boysen, hist. Magaz. II, 84).
1196 April 10. Wirzburg. *Ego Conradus Hildenesh.
cccl. elect. imp. aule canc. vic. dom. Conradi Mog.
archiep. tot. Germ. archican. rcc.* Bestätigungsurkunde Kaiser Heinrich's für das Bisthum Halberstadt und besonders über die Zollfreiheit der Kaufleute in der Stadt Halberstadt (Stumpf, Reichskanzler, II, S. 456, Böhmer, acta imp., 204).
1196 April 26. Mainz. *Ego Cunradus Hildensemensis
ccclesie electus et imperialis aule cancellarius vice
domini Cunradi Moguntine sedis archiepiscopi et
Germanie archicancellarii recognovi* Bestätigungsurkunde des von Kaiser Friedrich am 5. Februar
1171 dem Domstift Cambrai und der Abtei Vau-
celles gegebenen Privilegien durch Kaiser Heinrich (Stumpf, die Reichskanzler, acta imp. ad.
ined. III, S. 278—280).
1196 Juni 1. Boppart. *Conradus imperialis aule cancellarius vice Conradi maguntie sedis archiepiscopi
et Germanie archicancellarii recognovi* Urkunde
Kaiser Heinrich's über die Freiheit von allen
Reichszöllen auf dem Rhein für die neue Stadt
Hertogenbosch (Stumpf, die Reichskanzler, acta
imp. adh. ined. III, S. 282—283, Miraeus, op.
dipl. I, 193).

1196 Juni 10. Worms. *Ego Conradus Hildenesh. elect.*
vic. dom. Conradi mag. sed. archiep. et. tot. Germ.
archicanc. rec. Urkunde Kaiser Heinrich's für das
Bisthum Worms, in welcher demselben die Vogtei
über Dirmstein überlassen wird, dieses aber eine
jährliche Rente an das Stift St. Martin zu Worms
von 16 Pfund entrichten soll, weil dasselbe den
Zoll zu Boppart dem Reiche überlassen hat.
(Stumpf, Reichskanzler II, S. 458, Lünig, RArchiv XXI [spic. cont. III] 1297).

1196 Juni 15. Selz. *Ego Conradus Hildeness. elect. imp.*
aule canc. vic. Conradi Mag. archiep. et tot. Germ.
archican. rec. Bestätigungsurkunde des Kaiser
Heinrich für die Klöster Bellevaux, La charité,
und Grâce-Dieu (Stumpf, Reichskanzler, II, S. 458).

1196 Juni 25. Ehnheim. *Ego Conradus Hildenesh. elect.*
imp. aule canc. vic. dom. Cunradi Mag. archiep.
et tot. Germ. archican. rec. Befreiungsurkunde der
Hörigen von St. Thomas und St. Peter zu Stras-
burg von allen königlichen Abgaben durch Kaiser Heinrich (Stumpf, Reichskanzler, II, S. 458,
Schöpflin, Als. dipl. I, 303).

1196 Juni 30. Maiori bei Salerno. *Conradus Dei gratia*
Hildersheimensis Electus Imperialis aulae Cancel-
larius, totius Italiae, et Regni Siciliae Legatus bestätigt der Kirche von Minori eine Schenkung
des König Wilhelm (Ughelli, Italia sacra, B. VII,
S. 302).

1196 Juli 8. Zwischen Luxeuil und Vesoul. *Ego Con-*
radus Hildenesh. elect. imp. aule canc. vic. Ein-
hardi Vienn. archiep. et Burg. archicanc. rec. Bestätigungsurkunde des Kaiser Heinrich's für die
Cistersienserabtei Neubourg, welcher freie Weide
im Heiligenwalde und das Recht auf Brennholz
daselbst ertheilt wird. (Stumpf, Reichskanzler, II,
S. 459, Würdtwein, nov. sub. X, 178).

1196 Juli 28. Turin. *Ego Conradus Hildenesh. electus*
imp. aule canc. vic. Adolfi Col. archiep. et tot. It.

archicanc. rec. Schutzbrief des Kaiser Heinrich für den Erzbischof Aymon von Moutiers-en-Tarantaise, welchem das Recht ertheilt wird, Burgen zu errichten und die zerstörten wieder herzustellen (Stumpf, Reichskanzler, Iı, S. 459).

1196 Juli 29. Turin. *Ego Conradus imp. aul. canc. Hildenesh. elect. vic. Adolfi Col. archiep. et tot. It. archican. rec.* Belehnungsurkunde mit den Regalien für den Erzbischof Einhard von Vienne durch Kaiser Heinrich (Stumpf, Rkzlr. II, S. 459.)

1196 August 12. Mailand. *Ego C. (onradus Hildenesh.) elect. imp. aul. canc. vic. Adolfi Col. archiep. et tot. It. archicanc. rec.* Schutzbrief des Kaiser Heinrich für die Abtei S. Ambrosio zu Mailand (Stumpf, Reichskanzler, II, S. 460, Puricelli, mon. Aml. I, 1107, Morbio, municipii Ital. III, 177, La Farina stud. IV, CCXCIII).

1196 August 23. Pavia. *Ego Conradus Hildenesh. elect. imp. aul. canc. vic. Adolfi Col. archiep. et tot. It. archicanc. rec.* Privilegwiederholung des Kaiser Heinrich für das Kloster S. Hilarius und Benedikt zu Venedig (Stumpf, Reichskanzler, II, S. 460, Muratori, antiq. Estens. I, 370, Cornelius, eccl. Ven. mon. XII).

1196 September 6. Piacenza. *Ego Conradus Hildenesh. electus imp. aule canc. vic. Adolfi Col. archiep. et tot. It. archicanc. rec.* Privilegbestätigung für das Kloster S. Salvator zu Quartazolla, (Stumpf, Reichsk. B. II, S. 460).

1196 September 6. Piacenza. Privilegbestätigung für die getreuen Burgleute zu Monteveglio (Stumpf, Reichskanzler, II, S. 460).

1196 September 8. Piacenza. *Ego Conradus Hildenesh. elect. imp. aule canc. vic. Adolfi Col. archiep. et tot. It. archicanc. rec.* Freiheitsbestätigungsbrief für Kloster S. Salvator zu Quartazolla (südw. von Piacenza), welchem Kaiser Heinrich den Zehnten erlässt (Stumpf, Reichskanzler, II, S. 460, Campi, hist. eccl. di Piacenza, II, 374).

1196 September 9. Piacenza. *Ego Conradus Hildenesh. elect. imp. aule canc. vic. Adolfi Col. archiep. et tot. It. archicanc. rec.* Privilegienbestätigung für die treuen Burgleute zu Monteveglio (westl. von Bologna) durch Kaiser Heinrich (Stumpf, Rkzlr. II, S. 460, La Farina, stud. IV, CCCI).

1196 September 21. Fornovo, südw. von Palermo. *Ego Conradus imperialis aulae cancellarius, Hildenesheimensis electus vice Adolfi Coloniensis archiepiscopi et totius Italiae archicancellarii recognovi* Schutzbrief des Kaiser Heinrich für die Grafen Ubert und Rainer von Blandrate und deren Besitzungen, und Bestätigung der Privilegien, welche ihnen sein Vater 1152 Oktober und 1159 Febr. 7, ertheilt hat (Stumpf, die Reichskanzler, acta imp. ad. ined. III, S. 283—286).

1196 Oktober 21. Montefiascone. *Ego Conradus Hildenesh. elect. imp. aule. canc. vice Adolfi Col. archicp. et tot. It. archicanc. rec.* Münzrechtverleihungsurkunde für das Bisthum Arezzo durch Kaiser Heinrich (Stumpf, Rkzlr. II, S. 461, Ughelli, Ital. sacr. I, 421).

1196 Oktober 22. Montefiascone. *Ego Conradus Hildenesh. elect. imp. aule canc. vic. Adolfi Col. archiep. et tot. It. archicanc. rec.* Kaiser Heinrich's Privilegbestätigung für Kloster St. Peter zu Perugia (Stumpf, Reichskanzler, II, S. 462.

1196 Oktober 28. Montefiascone. *Ego Conradus Hildenesh. electus imp. aule canc. vic. Adolfi Col. archicp. et tot. It. archicanc. rec.* den Vertrag des Kaiser Heinrich mit der Stadt città di Castello (östlich von Arezzo), welche jährlich 30 Mark zahlt, und unter unmittelbare kaiserliche Herrschaft tritt (Stumpf, Reichskanzler, II, S. 462, Böhmer, acta imp. 209).

1196 November 1. Foligno. *Ego Conradus (Hildenesh.)*

*elect. imp. aul. canc. vic. Adolfi Col. archiep. et tot. It.
archicanc. rec.* Belehnungsurkunde für den Bürger
Glaudo von Lucca mit villa Basilica und S. Qui-
ricius ad Venerem durch Kaiser Heinrich (Stumpf,
Reichskanzler, II, S. 462, mem. Lucch. III*, 134).
1197 März 20. Barletta. *Conradus dei gratia Hildensemensis episcopus, imperialis aule cancellarius* verbietet den Behörden von Bari, von den Leuten
des heiligen Nicolai Beiträge zur Ausrüstung der
Galeeren zu fordern (J. F. Böhmer, acta imperii
selecta, S. 616).
1197 Mai 20. Palermo. *Ego Conradus Hildenesh. ep.
imp. aul. canc. una cum domno Gualterio Troian.
ep. reg. Sic. canc. rec.* Schenkungsurkunde des
Kaiser Heinrich über das von ihm gestiftete St.
Thomashospital (bei Barletta) nebst umliegendem
Ackerland und die Nicolaskirche zu Rigula für
die deutschen Hospitalbrüder in Jerusalem (Stumpf,
Reichskanzler, II, S. 464, Hennes, cod. ord. S.
Mariae Theutonic. 1).
1197 Mai. 28. (bei Mainz) *Conradus cancellarius* Zeuge
des Kaiser Heinrich in dessen Bestätigungsurkunde über die Rechte der Stadt Coesfeld. Datum
per manus *Conradi Cancellarii.* aput Mogonciam
V° Kal. Junii, Anno dominice incarnationis M*.
C°. XC°. VII°. indictione XIIII* (Dr. H. Erhard,
regesta [u. cod. dipl.] Westfaliae, B. II, S. 249,
Niesert, Beiträge zu einem Münstersch. Urkb.
I, 476).
Der Kaiser, welcher seit Juli 1196 in Oberitalien
war, und Deutschland nie wieder sah, konnte ebenso-
wenig 1197 in Mainz sein, wie der Kanzler, welcher
im Herbst 1195 Deutschland verlassen hatte und erst
nach dem Kreuzzuge im Mai 1198 heimkehrte. Professor Hofrath Ficker hat aber in seinem Werk, Beiträge zur Urkundenlehre §§. 145 und 146, nachgewiesen, *„dass zwischen dem ersten Entwurf der Handlung,
und der Fertigung und Aushändigung der Urkunde* oft

eine lange Zeit hingieng, so dass in *der Reinschrift nach-weisbar verstorbene Personen aufgeführt wurden, weil sie der ersten Unterhandlung als Zeuge beigewohnt hatten.*" Ferner beweist er §§. 117 und 122, „dass Datirung nach dem Orte der Handlung mit theils dieser, theils der Beurkundung entsprechenden Zeitangaben nicht selten sind." In unserer Urkunde scheint mir daher am Schlusse nur eine falsche Wortstellung zu stören. Ich zweifle nicht, dass die so verdächtig scheinenden Worte der Schlussformel: datum per manus Conradi Cancellarii, aput Mogonciam, V°. Kal. Junii, Anno dominice incarnationis M°. C°, XC° VII°. indictione XIIII°, aufzulösen sind in „(actum) aput Mogonciam, indictione XIIII°, datum per manus Conradi Cancellarii V°. Kal. Junii, Anno dominice incarnationis M°. C°. XC°. VII°." Die erste Verhandlung wird offenbar bei der Anwesenheit des Kaisers im Rheinlande im Frühjahr 1196 Statt gefunden haben, wesshalb in die Schlussformel die nur für jenes Jahr passenden Worte „indictione XIII" aufgenommen wurden. Konrad, welcher nach einer späteren Besprechung mit dem Kaiser, in Italien 1197 die Reinschrift und die Datirung ausführen liess, fügte an letzter Stelle der geistlichen Zeugen seinen Namen hinzu, während die der übrigen alle auf das Rheinland weisen. Dass solche Hinzufügungen von Zeugen bei der Datirung häufig vorgekommen sind, beweist Hofrath Ficker §§. 105 und 231 in einigen überraschenden Beispielen, in welchen, in den schon bei der Handlung angefertigten Urkunden, später auf dem Rande und zwischen den Zeilen mit anderer Dinte und ungleicher Handschrift Namen von Personen eingeschoben worden sind. Um so weniger finde ich Bedenken, hier einen gleichen Fall anzunehmen, da die Urkunde in Mainz ganz bestimmt nicht ausgefertigt worden war, weil der Kanzler nicht hätte Handlungszeuge sein können. Es scheint mir eben nichts weiter vorzuliegen, als eine Ineinanderschiebung von Ort und Zeit der Handlung und der Datirung; wofür sich aber die Auflösung ohne Hinzufügung eines fremden Wortes finden lässt. Als eine Unregelmässigkeit ist aber unbedingt hervorzuheben, dass Konrad hier nur Kanzler, und nicht wie sonst zu jener Zeit an erster Stelle Bischof von Hildesheim heist. Dies liesse sich aber vielleicht erklären, weil diese Urkunde während der Empörung in Sicilien ausgefertigt wurde, in der er nicht Zeit hatte, die Reinschrift selbst noch einmal zu prüfen, wodurch sich dann auch einige sonst nicht übliche Formen, wie felix semper augustus einschlichen. Ich habe aber noch weitere Forschungen unternommen, für deren überaus gütige Unterstützung, durch Beantwortung meiner vielen Fragen, ich allen hier genannten Archiven meinen allerverbindlichsten Dank ausspreche.

Das anhängende Siegel wird von Archivrath Dr. Erhard, cod. dipl. Westfaliae B. II, S. 249 in den folgenden Worten beschrieben:

„Das nur wenig beschädigte, an grün und rothen Fäden angehängte, grosse Majestätssiegel zeigt den Kaiser auf dem Throne sitzend, den Zepter (in Gestalt eines einfachen, oben in ein Kreuz geendigten Stabes) in der rechten, den Reichsapfel in der linken Hand haltend. Die, zum Theil auspesprungene, aber leicht zu ergänzende Umschrift heisst: Heinric'. Di. Gra. Romanor. Impat. Semp. Augustus."

Besonders wichtig, schien mir nun die Vergleichung der folgenden Urkunden:

1194 Januar 2. bei Wirzburg. Urkunde Kaiser Heinrich's für die Abtei Ebrach. Pergament deutsch, (Kalbfell, auf beiden Seiten mit Bimstein abgerieben) mit Siegel. Original im Kaiserselect des Königl. allgemeinen Reichsarchiv zu München. Das ganz unverletzte, kreisrunde Siegel aus Malta hat einen Durchmesser von 8,3 Centimeter und zeigt auf einem mit reich verzierter Rücklehne sitzenden Throne den Kaiser, in der linken den mit geperlten Reifen umgebenen und mit

einem Kreuz überhöhten Reichsapfel, in der
Rechten das Lilienzepter haltend, welches in ein
bis zum Siegelrande reichendes Kreuz endigt.
Auch die Säulen der Rücklehnen sind mit Reichs-
apfel und Kreuz versehen; ebenso läuft die Krone
in ein Kreuz aus. Das Gesicht des Kaiser's ist
bartlos, und unter dem reich verzierten Mantel
(Dalmatica) sieht man den breiten Gürtel. Die in
gothischer Majuskel abgekürzte Umschrift lautet:
Heinric'. Di. Gra. Romanor. Imp. R. (rex) ein
Zeichen (halbes T) für Et. Semp. Avgvstvs. Das
Siegel ist demnach, schon durch das Abweichen
des Zepter und der Umschrift, von dem durch
Erhard beschriebenen gänzlich verschieden.

1195 Juli 16. bei Worms. Urkunde Kaiser Heinrich's für
die Abtei Ebrach, Pergament italienisch (auf der
Rückseite sind noch die Poren der Haare des
feinen Ziegenfelles erkennbar) mit Siegel. Original
im Kaiserselect des Königl. allgemeinen Reichsarchiv zu München. Das anhängende Siegel aus
Wachs hat denselben Durchmesser des vorigen
und ist nur dadurch abweichend, dass alle Formen und Buchstaben stumpfer und breiter aus-
geprägt sind. Es ist desshalb auch nicht unbedingt nothwendig, dass das Siegel von einem anderen Stempel herrührt; vielleicht wurde dieser
aufgedrückt nachdem das Wachs schon zu sehr
erkaltet war, denn die etwas beschädigte Umschrift ist auch leicht in die Worte der vorigen aufzulösen. Die Verwendung italienischen
Pergamentes für eine in Deutschland ausgestellte
Urkunde möchte ich dadurch erklären, dass der
Kaiser nach dem Schlusse des Reichstages zu
Bari (im April) eben erst aus Italien zurückgekehrt war, und dass sich in der Kanzlei noch
Vorrath von Pergament dieses Landes befand.

1195 August 24. Hagenau, Urkunde Kaiser Heinrich's
für das Bisthum Minden, Pergament italienisch

innen weiss und glatt, aussen rauher und gelblich) Siegel abgefallen. Original im Königl. Staatsarchiv zu Münster in Westfalen. Das italienische Pergament erklärt sich wie bei der letzten Urkunde.

1196 Juni 24. Ehnheim (Vogesen) Urkunde Kaiser Heinrich's für die Kaufleute des Reiches, Pergament deutsch (auf beiden Seiten gleich gelb) mit Siegel. Original im Grossherzogl. Haus- und Staatsarchiv zu Darmstadt. Das anhängende, nur in der Umschrift verletzte Siegel, hat einen Durchmesser von genau 8,5 Centimeter, weicht aber von Erhard's Beschreibung desjenigen in Coesfeld dadurch ab: dass der Stab mit dem Kreuz kein einfacher ist, sondern in dem mittleren Theile an zwei Stellen von einer Lilien gleichenden Verzierung umfasst wird. Des verschiedenen Durchmesser wegen, und weil die Umschrift eine Auflösung in Rex nicht zulässt, kann dieses Siegel aber auch nicht von dem gleichen Stempel eines der beiden in München befindlichen herrühren.

1197 Juli 9. Linaria (in Sicilien). Urkunde des Kaiser Heinrich für das Erzbisthum Magdeburg, Pergament italienisch, (innere Seite weiss, äussere in der Mitte hellgelb, an den Seiten weiss) ohne Siegel. Original im Königlichen Geheimen Staatsarchiv zu Berlin.

1197 Juli 28. Linaria (in Sicilien). Urkunde des Kaiser Heinrich für das Erzbisthum Magdeburg, Pergament italienisch, (innere Seite weiss, äussere von dunkelgelb und weiss in Grau gemischt) mit Siegel. | Original im Königl. Geheimen Staatsarchiv zu Berlin.

Auf mein Gesuch, die Coesfelder Urkunde vom 28. Mai 1197 nach Berlin kommen zu lassen, um sie daselbst mit den beiden zuletzt genannten, gleichzeitigen zu vergleichen, wurde in äusserst gütiger Weise eingegangen und das Ergebniss ist folgendes: Die Schrift der Coesfelder Urkunde ist unverdächtig,

obgleich von ganz anderer Hand, wie die der beiden
in Linaria ausgestellten. Die Buchstaben in den beiden letzteren Urkunden sind kleiner, aber auch diese
beiden sind wieder von verschiedenen Händen geschrieben. Die Coesfelder Urkunde ist auf sehr dickem,
steifen Pergament gefertigt, dessen Rückseite mehr
gelb als grau, die innere gelb ist. Es sind also beide
Seiten gleich und mithin ist das Pergament (nach W.
Wattenbach, Schriftwesen des Mittelalter, zweite Auflage, S. 95 ff.) entschieden nicht italienisches, dessen
innere Seite regelmässig durch besondere Bereitung
sehr weiss, und welches, weil von Hammel- und Zie-
genfellen, viel feiner ist als das deutsche aus Kalbs-
fell, dessen Seiten ganz gleich sind. Nachdem der
Kaiser bereits zehn Monate auf italienischem Boden
war, erscheint es mir allerdings auffallend, dass die
Kanzlei noch deutsches Pergament besass, indessen
habe ich gezeigt, dass in Deutschland die beiden Urkunden von 1195 aus gleichen Gründen auf italienischem
geschrieben sind. Das Siegel an der Urkunde vom
28. Juli 1197, mit einem Durchmesser von 8,2 Centimeter, ist etwas verwischt und es sind aus diesem
Grunde die Andeutungen der Lilienblätter am Zepter
nur schwach bemerkbar. Die verletzte Umschrift in
gothischer Majuskel lässt sich noch auflösen in: Heinr'.
Di. Gra. Romanor. Impr. et Semp. Avgvstvs. Ganz
abweichend von allen übrigen Siegeln findet sich aber
im *Siegelbilde*, zwischen Umschrift und Sitz des Thron-
sessel (heraldisch) rechts, das Wort Rex und auf derselben Stelle an der anderen Seite Sicl. (Siciliae). Es
ist wohl das erste Siegel eines römischen Kaisers,
welches einen Nebentitel im Siegelbilde zeigt.

Nachdem ich nun bewiesen habe, dass in den Jahren 1194, 1196 und 1197, sowohl durch Umschrift,
als Grösse und andere Merkmale, ganz verschiedene
Siegel gebraucht worden sind, so kann es nicht auf-
fallen, dass dasjenige an der Urkunde vom 28. Mai
1197, in Umschrift und Zepter, noch eine vierte Ab-

weichung erkennen lässt. Für den einfachen Stab mit
dem Kreuze als Zepter liesse sich der zunächst liegende Grund finden: dass jenes Siegel, während der
Reise gefertigt, nicht vollendet war. Dann aber ist
es gewiss beachtenswerth, dass dasselbe während der
letzten Vorbereitungen für den Kreuzzug geführt wird,
und ich möchte in diesem so einfach dargestellten Herr-
scherzeichen mit dem Kreuz den bildlichen Ausdruck
dafür erkennen. Auf einem unechten Siegel würden
die Lilien ganz bestimmt nicht fehlen! Dass zwei Monate später auf dem letzten Siegel, welches uns von Kaiser Heinrich erhalten ist, doch wieder das Lilienzepter
gebraucht wird, spricht nicht gegen meine Annahme,
weil dieses Siegel ohne Frage nur für das Königreich
Sicilien bestimmt war und älteren Stempels sein dürfte.
Ich will nun zum Schlusse noch einen Blick auf den
Inhalt der Coesfelder Urkunde werfen. Dieser gerade
ist es, welcher mich von Anfang an bewogen hat die
Echtheit derselben aufrecht zu erhalten. Eine Fälschung begieng man niemals ohne Grund und ein solcher
liegt durchaus nicht vor. Es ist behauptet worden:
„dass der Satz sane — convenisse der bischöflichen
Urkunde vom 12. März 1197 (Erhard c. d. Westf II.
S. 248) auch inhaltlich widerspreche.“ — Bischof Hermann von Münster sagt: dass die Vogtei über das
Dorf Coesfeld, nach dem Hinscheiden der Männer,
welche diese ausgeübt, seiner Kirche und ihm unbe-
setzt geblieben, (vacabat) dass durch dieses Ereigniss
alles Recht, welches bei deren Besetzung (in electione)
dem Abt und Convent von Varlar zustand, frei an
diese zurückgefallen sei, dass diese letzteren für das
Ansehen und den Vortheil (honestati et commoditati)
der Münsterischen Kirche auf alles Recht und die
Wahl, welche sie nach der Stiftung (ex institutione)
in jener Vogtei zu vergeben hatten, in seine Hände
verzichtet haben; und verleiht dem Orte Coesfeld dieselben Rechte und Freiheiten, welche die Bürger von
Münster geniessen. Das Alles bestätigt und besiegelt

(Erhard II. S. 248—249) der Abt J. von Varlar, und dadurch entfällt zugleich jeder innere Grund für eine Fälschung der nun folgenden kaiserlichen Bestätigung. Der Kaiser urkundet am 28. Mai 1197 *auf Bitten des obigen Bischofes*, befreit Coesfeld von dem Königsbanne des Vogtes zu Varlar, und sagt dann in dem Satze sane — convenisse: dass nach der Versicherung des Bischofes die Kirche zu Varlar die freie Wahl habe, sich einen Vogt zu schaffen, dass sie diese Freiheit durch rechtsgiltige Vorrechte schütze, und dass Abt und Convent, nach dem Ableben des W. von Hostmar, Vogtes dieser Kirche, für die Person des Bischofes, an Stelle des Vogtes, (nämlich in Coesfeld, von welchem vor- und nachher die Rede ist) sich geeinigt haben. — Einen Widerspruch vermöchte ich daher nicht zu finden, nur wäre der Sinn noch etwas deutlicher geworden, wenn der Kaiser am Schlusse des Satzes, für „in ipsius *personam* vice advocati convenisse" gesagt hätte „in ipsius *ecclesiam* vice advocati convenisse," weil ein Bischof nicht selbst Vogt sein durfte. Ich glaube demnach annehmen zu dürfen: dass sich Coesfeld doch im Besitze einer echten Kaiserlichen Bestätigung seiner Rechte befindet.

1197 Juni 6. Vor Castro Giovanni (im Innern Siciliens). *Ego Conradus Hildenisheimensis episcopus et imperialis aule cancellarius vice domini Adolfi Coloniensis archiepiscopi et totius Italiae archicancellarii recognovi* Erneuerungsvertrag über alle älteren Einigungen zwischen Kaiser Heinrich und dem Dogen Dandolo von Venedig, und Bestätigung aller Privilegien dieser Stadt (Stumpf, die Reichskanzler, acta imp. ad. ined. III, S. 287—292).

1197 Juni 22. Conrad weiht die Nicolai Kirche in Bari in Gegenwart vieler geistlicher und weltlicher Fürsten und wird dann Leiter des ganzen Kreuzuges für den Kaiser (Th. Toeche, Heinrich VI., S. 461 ff. nach W. Schatz, Chron. Halberstadense S. 64—65).

1197 Juli 9. Linaria bei Patti. *Ego Conradus Hildenesh.*
episcopus imp. aul. canc. una cum Gualterio Troian.
ep. et Sic. canc. rec. Bestätigungsurkunde über
die Besitzungen in der Altmark und in den Graf-
schaften der Grafen Otto und Dietrich, welche
die Markgrafen von Brandenburg dem Erzstift
Magdeburg geschenkt haben, durch Kaiser Heinrich (Stumpf, Reichskanzler, II, S. 464, Beckmann,
Hist. von Anhalt, II, 24, Sagittarius, hist. Magdb.
IV, 9. 91, Ludewig, reliq. man. XI, 600).

1197 Juli 18. Palermo. *Ego Conradus Hildesh. ep. et*
imp. aule canc. unacum Gualterio Troian. cp. et
reg. Sic. canc. rec. Verleihungsurkunde des Kaiser Heinrich und der Kaiserin Constanze über
das Cistersienser Kloster Trinita in Palermo, Zollfreiheit daselbst, freie Benützung der kaiserl.
Mühlen etc. für die deutschen Hospitalbrüder zu
Jerusalem (Stumpf, Reichskanzler, II, S. 465,
Mongitore, SS. Trinita 13, Hennes, Cod. ord. S.
Mar. Theut. 2, La Farina, stud. IV, CCCVIII).

1197 Juli 28. Linaria. *Ego Conradus Hildenesh. ep.*
imp. aul. canc. unacum dom. Gualterio Troian.
ep. et Sic. canc. rec. Bestätigung eines Vetrages
zwischen dem Erzbischof von Magdeburg und
den Markgrafen von Brandenburg durch Kaiser
Heinrich, in welchem ersterer verspricht, die von
letzteren geschenkten Besitzungen denselben nach
Besitz von einem Jahre und sechs Wochen als
Lehen zurückgeben zu wollen (Stumpf, Reichskanzler, II, S. 465, Beckmann, Anh. Hist. II, 26,
Gercken, cod. Brandb. III, 65, Ludewig, rel. m.
XI, 603, Sagittarius, h. Magdb. IV, 9 94).

1197 August 3. (in Sicilien) *Ego Conradus Fuldenes-*
hofer cp. canc. una cum Walterio Troian. ep. et
Sic. canc. rec. dass Kaiser Heinrich seinen Marschall Heinrich von Kalentin mit Gütern bei Neuburg a/D. belohnt hat. (Mit Zeugen) (Stumpf,
Reichskanzler, II, S. 465. Lazius, de gent. migrat.

566 Ext. Crusius, annales Suev. II, 525. Ughelli, Italia sacra IX, 326 [mit 5. August] Lünig, Reichsarchiv XXII, 814).

1197 September 27. Messina. *Ego Conradus Hildeneshemensis episcopus, imperialis aule cancellarius una cum Walterio Troiano episcopo et regni Sicilae canc. rec.* Urkunde des Kaiser Heinrich und der Kaiserin Constanze über Zollbegünstigungen für die Getreuen von Lucca und Tuscien (Stumpf, die Rkzlr., acta imp. ad ined., III, S. 600—601). Am folgenden Tage starb Kaiser Heinrich.

1198 o. O. u. D. *Conradus Wirzeburgensis Episcopus et Imperialis aule cancellarius* bestätigt dem Krankenhaus von Neumünster (Novi-Monasterii) mehrere, vom Stiftsherrn Hermann daselbst, gemachte Schenkungen (C. H. de Lang, regesta b. I, S. 379).

1198—1202 o. O. u. D. *Conradus dei gracia Wirceburgensis ecclesiae episcopus et imperialis aule cancellarius* bestätigt auf Bitte des Iringus, Prior der Abtei St. Stephan zu Wirzburg, mehrere dem Krankenhause dieses Klosters gemachte Schenkungen, darunter auch besonders diejenigen vom Stiftsherrn Hermann von Neu-Münster daselbst, welcher an seinem Ende Mönch von St. Stephan geworden war (Original mit abgefallenem Siegel unter den Urkunden der Abtei St. Stephan zu Wirzburg, im Königlichen Reichsarchiv zu München).

1198 Mai 21. Nordhausen. *Conradus Hildenesheimensis episcopus imperialis aule cancellarius* giebt dem Domkapitel daselbst die Vogtei über das Meierding Lede (H. A. Lüntzel, Geschichte der Diöcese und Stadt Hildesheim, B. I, S. 490).

1198 Juni 29. Worms. *Konrad Bischof von Wirzburg* beschwört den Vertrag König Philipps mit dem König Philipp von Frankreich, nach welchem ersterer Hilfe gegen Richard, König von England, und dessen Neffen, Graf Otto von Poitiers

(Otto IV.), Balduin, Graf von Flandern, und den
Erzbischof Adolf von Köln verspricht. (Böhmer,
r. imp. B. 1198—1272 S. 8. herausgegeben von
J. Ficker, Lünig RArchiv. IV, 141, Scheid,
Orig. Guelf. III, 752.)
1198 August 16. bei Mainz. *Conradus Wirceb. ep. imp.
aule canc. vice Conradi Mog. aepi. etc. recognovi*
dass König Philipp dem Kloster Weingarten seine
Privilegien bestätigt und versprochen hat, dass
dessen Vogtei niemals vom Reiche kommen solle.
(Nach J. Böhmer, reg. imp. 1198—1272 herausge-
ben von J. Ficker, S. 8. eine Fälschung, (früher
in Böhmer's erster Auflage in den April gesetzt.)
Wirtb. Urkb. II, 327).
1198 August 21. Spoleto. Pabst Innocenz schreibt dem
Bischof von Bamberg und dem Scholastiker Peter
von Mainz, dass *Konrad, der ehemalige Bischof
von Hildesheim,* eigenmächtig sich in die Wirzburger Kirche gedrängt habe; dass er desshalb
ihm bei Strafe der Excommunication befohlen
habe, die geistliche wie die weltliche Gewalt dieser Kirche niederzulegen und dass er dem Kapitel daselbst für diesen Fall das nächste Wahlrecht entzogen und dem Kapitel zu Hildesheim
befohlen habe, nicht zuzulassen, dass er dahin
zurückkehre. Der Pabst gebietet desshalb dem
obigen Bischof und Scholastiker, wenn der Bischof nach Verlauf von zwanzig Tagen dieser
Weisung sich nicht gefügt haben sollte, denselben in Deutschland mit dem Banne zu belegen
(A. Potthast regesta pontificum Romanorum, B.
I, S. 34, Innoc. Ep. ed. Baluze, I, 191, Opp. ed.
Migne, I, 306, Lünig, Spic. eccles. Cont. II (RArchiv XX) 697, Collect. III. decret. lib. 1. tit. 5.
de transl. ep. c. 3. in Augustini Tarrac. Opp. IV,
436, int. Decr. Greg. IX. lib. I. tit. 7. de transl.
ep. c. 3. Böhmer Corp. II, 83, Richter Corp. II, 95).
1198 Oktober 23. o. O. *Conradus Dei gratia Hildenes-*

emensis Episcopus imperialis aule cancellarius bestätigt einen Vergleich Rudolf's von Dalem mit
dem Kapitel von Hildesheim und Kloster Ame-
lunxborn über Güter, auf welche Rudolf verzichtet hat, und mit welchen der Bischof nun Graf
Adolf von Schauenburg belehnt, welcher dieselben wieder nach Lehenrecht an Rudolf von Dalem übergiebt (D. E. Baring, Beschreibung der
Saale im Amt Lauenstein, B. II, S. 37—38).

1199 Februar 15.—28. Lateran. Pabst Innocenz ermahnt *den ehemaligen Bischof Konrad von Hildesheim*, welcher gegen seinen Willen und allen Gebrauch von dieser Kirche zu der von Wirzburg
überzugehen sich erlaubte, dass er nicht nach
Hildesheim zurückzugehen, und sich von Wirzburg fern zu halten habe, wenn er seine Gnade
wieder erlangen wolle (A. Patthast, reg. pontf.
Romanorum, I, 58—59, Innoc. Ep. ed. Baluze,
I, 328, Opp. ed. Migne, I, 527, Lünig Spic. eccl.
Cont. II [R Archiv XX] 699, Böhmer, reg. 1198-1254,
S. 292).

1199 Februar 22. Worms. *Conradus Wirceb. ep. imp.
aule canc. vice Cunradi Mog. aepi. rec.* Urkunde
König Philipp's, welcher den Verkauf des Gutes
Hormisheim, welches vom Herzog von Schwaben
zu Lehen geht, an das Kloster Frankenthal genehmigt, nachdem der genannte Verkäufer ihm
sein Erbgut als Lehen aufgelassen hat (Böhmer
r. imp. B. 1198—1272, von J. Ficker, S. 10, Zeitschrift für Wirtbsch. Franken VIII, 74).

1199 Mai. 6. Lateran. Pabst Innocenz schreibt dem
Domkapitel zu Hildesheim, es möge zur Wahl
eines neuen Bischof schreiten. Die Bestätigung
in seinem Namen zu ertheilen werden die Aebte
von Corvei und von Hersfeld und der Dechant
von Paderborn beauftragt (A. Potthast, reg. pont.
Rom. I, S. 66, Innoc. Ep. ed. Baluze, I, 369, Opp.
ed. Migne, I, 594, Böhmer Reg. 1198—1254, S. 293).

1199 o. O. u. D. *Cunradus Wirzeburgensis Episcopus*, bezeugt, dass Heinrich, Abt von Fulda, bewilligt hat, dass sein vornehmster Vasall, König Philipp, Güter, mit denen er belehnt gewesen, an das Kloster Wechterswinkel vertauscht (C. H. de Lang, regesta b. I, S. 381).

1199 o. O. u. D. Im Vergleich zwischen *dem ehrwürdigen Vorsteher Konrad der Wirzburger Kirche* (inter venerabilem sancte wirceburgensis ecclesie presulem Conradum) und dem Probst Boppo des Stiftes St. Jacob zu Bamberg, genehmigt Bischof Thimo den Verzicht auf das Dorf Nannendorf mit allem Zubehör, wie es von der Wirzburger Kirche zu Lehn gegangen, Seitens des Truchsess Hekkehart von Norenberc, dessen Sohnes Hekkehart und deren Vetter Hekkehart, *in die Hände des Bischof von Wirzburg* (Copiarium des Collegiatstiftes St. Jacob [Nr. 142] Blatt 69—70 im Königl. Kreisarchiv zu Bamberg).

1199 Mai. Speier. *Dominus C. Episcopus Herbipolensis* ist mit König Philipp, dem Herzog von Meran, dem Probst von Lauterberg und dem Protonotar C. und dessen Bruder Heinrich Siegelzeuge des Erzbischof Johann von Trier, Mitstifter des Kloster Uterinae Vallis (Eusserthal, Diöcese Speier), welcher sich in demselben einen Gedächtnisstag stiftet. (S. A. Würdtwein, nova subsidia dipl. B. XII, S. 131. Heidelberg 1789.) Die Urkunde ist ohne Jahr, Ort und Tag abgedruckt, dürfte aber hier einzureihen sein 1, weil nach Böhmer's Regesten zu jener Zeit der Erzbischof von Trier, der König, der Kanzler und der Herzog von Meran in Speier anwesend waren, 2, weil der nach J. Böhmers Regesten 1198—1272, herausgegeben von J. Ficker, bis 22. Februar 1199 vorkommende Protonotar Konrad kein anderer sein kann: als der hier vom Erzbischof Johann genannte C. und sein Bruder Heinrich. Zum letzten

Male erscheint er als Protonotar des König's am
18. März (mon. boica, B. V, S. 362, zu vergleichen über den dort unrichtig angegebenen
Tag: mon. b. B. XXIX˙, S. 496). Dieser Protonotar Konrad muss aber der spätere Bischof von
Speier gewesen sein, — wenn er es auch nicht
wie C. von Staelin (Wirtb. II, 6) druckt, schon am
27. Februar war, da F. X. Remling in seiner Geschichte dieser Bischöfe, (B. I, S. 420, Anmk. 934)
nachgewiesen hat, dass sein Vorgänger Otto erst
am 3. März das Zeitliche segnete — denn als er
am 7. April 1200 zum ersten Male in dieser Würde
erscheint, ist (nach J. Böhmer-Ficker's Regesten
S. 17) auch in der gleichen Urkunde bereits sein
Nachfolger, Protonotar Siegfried, im Amte; und
in F. Xav. Remling's Geschichte dieser Bischöfe,
(B. I. S. 421, Anmk. 936) wird dem Bischof Konrad (III) ausdrücklich auch ein Bruder Heinrich
genannt. Es kann also die Urkunde des Erzbischofes von Trier nicht nach dem 7. April 1200
ausgestellt worden sein, weil der Protonotar Bischof geworden war und dieses Amt in der Kanzlei nicht mehr bekleidete. Die ganz aussergе-
wöhnliche Erscheinung, dass Konrad nach J. Böhmer-Ficker (Reichsregesten S. 20) am 4. März
1201 von König Philipp Hofkanzler genannt wird
und sich 1206 bei S. A. Würdtwein (nov. subs.
dipl. B. XII, S. 132 [Heidelberg 1789]) selbst so
nennt, während doch die eigentlichen Inhaber
dieses Amtes dasselbe ˙ zu verwalten fortfuhren,
vermag ich nur dadurch zu erklären, dass der
König ihn, seiner staatsmännischen Eigenschaften
wegen, zum Vice-Kanzler ernannt haben muss,
weil er mit der bischöflichen Würde nicht wohl
in seiner früheren Stellung eines kaiserlichen
Protonotars hätte verbleiben können.

1199 Mai 13. Speier. *Konrad Bischof von Wirzburg,
Hofkanzler,* ist Zeuge des König Philipp, welcher

7

dem Kloster Hemmerode die von Konrad von
Anweiler ihm aufgelassene Vogtei Medingen giebt
und bestätigt (Böhmer r. imp. von J. Ficker B.
1198—1272, S. 10—11, Dümge, Reg. Bad. 155).

1199 September 14. Mainz. *Konrad, Bischof von Wirzburg, Hofkanzler*, ist Zeuge, als König Philipp
dem Bischof von Eichstädt als seinem Blutsverwandten, und seiner Treue wegen gestattet, dass
bei Heirathen zwischen Dienstleuten des Reiches
oder solchen des Königs und Dienstmannen der
Eichstädter Kirche, die Kinder der Art getheilt
werden sollen, dass jedes Mal das älteste dem
Stande des Vaters, das zweite dem Stande der
Mutter folge, und dass die gleiche Regel für alle
nachfolgenden zu gelten habe. Ferner wird dem
Bischofe gestattet, in der Stadt Eichstädt jährlich
eine vierzehntägige Messe zu halten, wie das früher der Fall gewesen sein soll (Böhmer r. imp.
B. 1198—1272, von J. Ficker, S. 13, mon. boica,
XXIX*, 488, M. Lefflad, Reg. der Bischöfe von
Eichstädt, Abthl. I, S. 42 ff.)

1199 September 29. Mainz. *Ego Chunradus Hildeshei-
mensis episcopus Erbipolensis electus imperialis
aule cancellarius vice Conradi Mag. archiepiscopi
et totius Germ. archicancellarii recognovi* Bestätigungsurkunde des König Philipp für das Erzbisthum Salzburg, in welcher die von seinen Vor-
gängern ertheilten Rechte und die Besitzungen
des Erzbisthums bestätigt werden, sowie die voll-
zogene Errichtung des Bisthums Gurk (Böhmer
reg. imp., B. 1198—1272 von J. Ficker, S. 13,
Lünig, RArchiv, XVI, 964 und 967).

1199 Oktober 28. Lateran. Papst Innocenz schreibt dem
Erzbischof Konrad von Mainz, er möge die Bene-
ficien, welche *Konrad, ehemals Bischof von Hildesheim*, unrechtmässig vergeben als er sich in den
Besitz der Kirche von Wirzburg ohne Erlaubniss
gesetzt habe, an andere geeignete Personen ver-

leihen (A. Potthast, reg. pont. Rom. I, S. 81, Innoc. Ep. ed. Baluze I, 466, Opp. ed. Migne, I, 750).

1199 November 15. Lateran. Pabst Innocenz schreibt dem gewesenen *Bischof Conrad von Hildesheim*, dass er sich masslos benommen, vorschützend, es gebe keinen Urtheilsspruch gegen ihn; dass er sich aber selbst verurtheile, weil er sich über seinen Vorgesetzten stelle. Er lege in seine Entschuldigungsgründe vielmehr eine Anklage gegen den Pabst und vergesse einen dritten Punkt: cum in manifestis non sit ordo judiciarius requirendus (A. Potthast, reg. pont. Rom., B. I, S. 82, Collect. I. decret. Innoc. tit. 20. ed. Baluze, I, c. I, 578, Opp. ed. Migne, III, 1227).

1199 November 15. Lateran. Pabst Innocenz schreibt dem Erzbischof Ludolf von Magdeburg und dessen Suffraganen, dass er den *gewesenen Bischof Konrad von Hildesheim* excommunicirt habe, weil er, ohne nur die Erlaubniss nachzusuchen, sich in den Betitz des Bisthum Wirzburg gesetzt, und befiehlt ihnen, die Excommunication zu verkünden (A. Potthast, reg. pont. Rom., B. I, S. 82, Innoc. Ep. ed. Baluze, I, 468, Opp. ed. Migne, I, 752, Lünig, Spic. eccl. Cont. II. [Reichs-Archiv XX.] 700, Raynald, ann. eccl. ad a. 1199, § 53).

1199 November 24. Lateran. Pabst Innocenz giebt dem Erzbischof von Mainz auf, die Bestimmungen des *chemaligen Bischof C. von Hildesheim* nichtig zu erklären, nach welchen er als eigenmächtiger Bischof von Wirzburg die dortigen Domherren für seinen Todesfall zur Zahlung von 2000 Mark verpflichtet, und ihnen den Eid abgenommen habe, so lange diese nicht an diejenigen, welche er bestimmen werde, gezahlt seien, seinem Nachfolger nicht zu gehorchen (A. Potthast, reg. pontf. Rom. I, S. 83, Innoc. Ep. ed. Baluze I, 482, opp. ed. Migne I, 775).

1200 Januar 19. Hildesheim. *Ego Conradus Hildcnsh. ep. Wirceb. electus, imp. aule cancellarius recognovi* Urkunde König Philipp's für das Erzbisthum Bremen, in welcher demselben Burg und Grafschaft Stade und die Erbgüter der Markgrafen Rudolf, Heinrich und Friedrich, sowie der edlen Frau Ida bestätigt werden (Böhmer r., B. 1198-1272, von J. Ficker, S. 14—15, Lappenberg, Ham. Urkb. I, 277, Lünig, RArch. XVI, 108).

1200 Januar 26. Lateran. Pabst Innocenz befiehlt dem Bischof von Bamberg und dem Scholastiker von Mainz, sich zu erkundigen, ob der *gewesene Bischof C. von Hildesheim*, welcher auf eine unrichtige Auslegung einer von seinem Vorgänger Cölestin ertheilten Erlaubniss eine höhere Kirchenstelle annehmen zu dürfen, (quodsi ad maiorem forsitan vocaretur dignitatem, eam sibi liceret assumere, dum tamen nihil ei de statutis canonicis obviaret) ohne Erlaubniss von der Hildesheimer zur Wirzburger Kirche übergetreten sei und sich Bischof dieser letzteren Kirche nennen lasse, und welcher desshalb am Feste des Apostelfürsten mit Excommunication belegt ist, sich nach diesem durch ganz Deutschland verkündeten Ausspruche gerichtet habe, ob er von Wirzburg gewichen sei, und sich in Hildesheim durchaus nichts angeeignet habe, ob er sich unterworfen habe, und sein Vergehen anerkenne (A. Potthast, reg. pontf. Rom. I, S. 90, Innoc. Ep. ed. Baluze, I, 526, Opp. ed. Migne, I, 845, Lünig, Spic. eccl. Cont. II, [RArchiv XX.] 698. Böhmer, Corp. II, 84, Richter, Corp. II, 95).

1200 Januar 27. Goslar. *Konrad, Bischof von Wirzburg*, Zeuge in Urkunde König Philipp's für Goslar, welcher Stadt das Privileg ertheilt wird, dass Kaufleute, welche sich dorthin begeben, auch wenn sie Reichsfeinde sind, von Niemandem gewaltthätig beschwert werden sollen (Böhmer r.

imp. B. 1198—1272, von J. Ficker, S. 15, Forschungen zur deutschen Geschichte, XI, 144).

1200 Januar 31. Allstedt. *Ego Conradus Hildensheimensis episcopus, Wirziburgensis electus et imperialis aulae cancellarius recognovi,* dass König Philipp auf Bitten der Reichsdienstmannen, Gebrüder Fredehelm und Theoderich, deren Schenkung von fünf Mansen zu Otstede an das Kloster Walkenriede genehmigt, und demselben diesen Besitz bestätigt habe (Urkb. des historischen Vereines für Niedersachsen, B. I, 2, S. 38—40 unter 1199 J. Böhmer, reg. imp. B. 1198—1272, von J. Ficker, S. 15. setzt die Urkunde richtiger in das Jahr 1200, weil die Worte „anno regni ejus secundo,“ und „indictione III·“ nur für dieses Jahr passen, und weil die Jahreszahl 1199 des Originales, nach der besonders in der staufischen Zeit sehr üblichen, italienischen Zeitrechnung „Florentinus“ — unserem Jahre 1200 entspricht.

1200 Februar 2. Lateran. Pabst Innocenz befiehlt dem Bischof und Dechant von Paderborn und dem Abt von Helmwardshausen die Grafen Hermann und Heinrich von Harzburg, Friedrich von Insula und die Dienstmannen der Hildesheimer Kirche, welche die Bischofswahl des Probstes H. daselbst nicht anerkennen wollten, weil sie zu dem früheren *Bischof Konrad* halten, mit der Excommunication zu bedrohen (A. Potthast, reg. Pont. Rom., I, S. 90, Innoc. Ep. ad. Baluze, I, 531, Opp. ed. Migne, I, 852, Lünig, Spic. eccl. Cont. II, [RArchiv XX.] 701).

1200 Februar 18. Oelsnitz. *Konrad, Hofkanzler,* ist Zeuge als König Philipp der Kirche zu Altenburg das vom Burggrafen Friedrich von Nürnberg erkaufte Reichslehen Lipena bestätigt, nachdem letzterer darauf verzichtet hatte. (Böhmer, rep. imp. 1198-1272 von J. Ficker, S. 15).

1200 Februar 18. Oelsnitz. *Konrad, Hofkanzler,* ist Zeuge

als König Philipp die Marienkirche zu Altenburg in seinen Schutz nimmt, ihr die vom Ritter Lup fried von Chorum geschenkten Mansen in Schirnitz bestätigt und verordnet, dass der Probst nur dem Reiche zu Rechte stehen soll (Böhmer, reg. imp. 1198—1272, von J. Ficker, S. 16).

1200 März 8. Wirzburg. *Konrad, Hofkanzler,* Zeuge König Philipp's in Urkunde für die Marienkirche zu (Altenburg, welche er in seinen Schutz nimmt, dem Burggrafen von Dewin deren Vertheidigung aufträgt, und verordnet, dass der Probst nur ihm und dem Reiche zu Rechte stehen soll. (Böhmer r., B. 1198—1272 von J. Ficker, S. 16, Schultes, direct. II, 400).

1200 März 15. Nürnberg. *Konrad, Hofkanzler,* Zeuge König Philipp's in Urkunde für Kloster Ebrach, welchem er das Gut zu Schwabach bestätigt. (Böhmer, reg. imp. B. 1198—1272, von J. Ficker, S. 16—17, mon. b. XXIX*, 493).

1200 April 3. Lateran. Pabst Innocenz erklärt auf den schon bei seinem Vorgänger gestellten Antrag, nach Untersuchung durch die Bischöfe von Augsburg, Eichstätt und den *gewesenen von Wirzburg* und anderer geschworenen Aussage: Kunigund, Gemahlin Kaiser Heinrich's II., für eine Heilige (Böhmer, reg.imp., Band 1198—1252, S. 295, A. Pothast, reg. pontf. Rom. I, S. 94, Lünig, [RArchiv XVII.] 28, Ussermann, Episc. Bamb. Cod. prob. 136: Bullar. Rom. ed. Taurin III, 174, Migne. Cursus patrol. lat. CXL, 219).

1200 April 9. Lateran. Pabst Innocenz schreibt dem Erwählten H (eribert) von Hildesheim und dessen Kapitel von der Entsetzung *Konrad's, gewesenen Bischof von Hildesheim, kaiserlichen Kanzler,* der ohne Erlaubniss Hildesheim verlassen, sich Bischof von Wirzburg zu nennen wage, und obgleich excommunicirt, ungeachtet seines Gelöbnisses des Gehorsames, welches er den Erzbischö-

fen von Magdeburg und Mainz gegeben, doch
fortgefahren habe, sich an geistlichen Handlungen
zu betheiligen; dass derselbe aber nun in Reue
vor ihm erschienen sei. Er habe ihn zwar eini-
ger Entschuldigungen wegen mit der vollen Strafe
verschont, aber doch beider Bisthümer entsetzt,
ihm aufgegeben, auf Verwaltung und Einkünfte
der Kirche zu Wirzburg in die Hände des Erzbischof von Mainz zu verzichten, und befiehlt dem
Kapitel zu Hildesheim, es solle dem Erwählten
Heribert Gehorsam leisten (J. Böhmer, reg. imp.
B. 1198—1254, S. 295, gest. Innoc. cap. 44, A.
Potthast, reg. pont. Rom. I, 94).

1200 April 9. Lüttich. Der Gegenkönig Otto ersucht
den Pabst Innocenz III. gegen *den Hofkanzler
Philipp's, gewesenen Bischof von Hildesheim und
von Wirzburg*, als einen ganz Nichtswürdigen, mit
aller Strenge zu verfahren (J. Böhmer, reg. imp.
B. 1198—1272, von J. Ficker, S. 62, Scheid,
orig. Guelf. III, 272).

1200 Mai 28. Speier. *Der Bischof von Hildesheim,
Hofkanzler*, schreibt an diesem Tage mit vielen
Fürsten und Grossen in einer Urkunde ohne Jahresangabe an Pabst Innocenz III. Sie bitten den
letzteren, da sie Philipp als den Würdigsten zum
Kaiser erwählt haben, diesem und seinem Getreuen, Markward von Anweiler, Reichstruchsess,
Markgraf von Ancona, Herzog von Ravenna und
Procurator des Reiches Sicilien, seine Gunst zu-
zuwenden, nicht die Hand nach den Rechten
des Reiches auszustrecken, und melden, dass sie
demnächst mit aller Macht nach Rom kommen
würden, um Philipp's Kaiserkrönung zu erlangen.
(J. Böhmer, reg. imperii, B. 1198—1272, herausgegeben von J. Ficker, S. 11—12).
Diese Urkunde ist der Hauptsache nach die Ausfertigung (Datum) einer Verhandlung (actum), *welche nach
den Worten der Fürsten vorher in Nürnberg auf einem*

Hoftage zum Beschlusse erhoben worden war. Jedenfalls
aber hatten sie durch Sendboten schon viel früher
Kenntniss von dem Vorhaben erhalten: da die Schreibenden sich zugleich als Bevollmächtigte vieler solcher
bezeichnen, (quorum nuntios et litteras habuimus) welche als abwesend aufgeführt werden. Da nun in
Speier nur die Ausfertigung, nicht aber die Verhandlung Statt fand, so war auch die Gegenwart der schreibenden Fürsten nicht mehr nothwendig. Wären sie
dort gewesen, so müsste nach dem Gebrauche der Zeit
*in der Urkunde von ihren anhängenden Siegeln die Rede
sein.* Es handelt sich demnach darum, den Grund zu
finden, aus welchem die Fürsten die Abfassung derselben nicht schon in Nürnberg vornehmen liessen, und
um die Feststellung der Zeit eines Hoftages daselbst.
Ein solcher ist aber in den Jahren 1198 und 1199 *durch
keine einzige Urkunde* zu belegen, während wir eine
Versammlung zahlreicher Fürsten im März 1200 aus
den dort ausgestellten Urkunden in den Reichsregesten
von J. Böhmer-Ficker nachweisen können; es werden
demnach auch alle Angaben auf dieses Jahr zu beziehen sein. Professor E. Winkelmann, Philipp von
Schwaben und Otto IV. von Braunschweig, B. II, S. 528,
befürwortet kurz das Jahr 1200, während J. Ficker,
wie früher Dr. Abel, diese Urkunde in den obigen Regesten in das Jahr 1199 setzt, und zwar hauptsächlich: weil die Fürsten, welche erklären, diesen Beschluss in Nürnberg gefasst zu haben, die Bischöfe
von Passau und von Bamberg unter den abwesenden
Vollmachtgebern nennen, während diese im März 1200
dort gegenwärtig waren, weil der ebenfalls unter den
Abwesenden genannte Pfalzgraf von Burgund schon
im Januar 1200 gestorben sei, weil der Herzog von
Oesterreich am 28. Mai 1200 nach der Chronik in Wien
war, weil es einen nur Erwählten von Brixen im März
1200 nicht gegeben habe, und weil der Reichskanzler,
welcher am 9. April in Rom war, sich Bischof von
Hildesheim nennt.

Ich kann einen ernsten Grund gegen das Jahr
1200 nicht darin finden, weil zwei Bischöfe, welche an-
fänglich durch Vollmacht zugestimmt, sich noch ent-
schlossen hatten selbst zu kommen, aber in dem Briefe
als abwesend stehen blieben. Es ist auch nicht so be-
fremdend, dass der angeblich kurz vorher verstorbene
Pfalzgraf von Burgund, wegen des von ihm durch Vollmacht erklärten Beitrittes, noch unter den Abwesenden aufgezählt wird. Hofrath Ficker hat in seinen
Beiträgen zur Urkundenlehre (§§. 145 und 146) selbst
ausgeführt, dass zwischen dem *ersten Entwurf der Handlung* und der *Ausfertigung der Urkunde* oft lange Zeit
hingieng, so dass nachweisbar in der letzteren *verstorbene Personen als Zeugen aufgeführt wurden, weil sie
an der ersten Verhandlung betheiligt gewesen.* Ein anderer Fall würde auch hier nicht vorliegen, dann aber
ist auch nach E. Winkelmann (Philipp und Otto, B. II,
S. 528.) durchaus nicht feststehend, ob der Pfalzgraf von
Burgund im Jahre 1200 oder 1201 gestorben ist. Noch
weniger bedenklich ist es wohl, dass der Herzog
von Oesterreich am 28. Mai 1200 in Wien gewesen
sein soll. Die Schreibenden sind in diesem Falle den
Handlungszeugen einer Urkunde gleich zu erachten.
Diese aber (wie oben) konnten nur selten auch der
Datirung beiwohnen, wenn diese später und an einem
anderen Orte vorgenommen wurde, sind aber zuweilen
mit den Datirungszeugen ohne Unterscheidung aufgeführt, obgleich (wie bei J. Ficker, §§ 148 und 152) die
Unmöglichkeit ihrer Theilnahme an beiden Orten ausser
Zweifel steht. Da nun die Reichsregesten nachweisen, dass der Herzog am 18. März 1200 in Nürnberg
gewesen ist, so war seine Gegenwart bei der Abfassung
der Urkunde in Speier am 28. Mai gar nicht mehr
erforderlich. Dass ein Erwählter von Brixen aufgeführt
wird, scheint auffallend, aber dergleichen Versehen
sind doch vorgekommen. So z. B. nennt sich der
Kanzler Konrad (in obigen Reichsregesten) am 29. Juni
1198, am 22. Februar, 13. Mai und 14. September

1199 Bischof von Wirzburg, aber am 29. September
1199 und am 19. und 31. Januar 1200 nur Erwählter.
Allein an den nach F. Sinnacher (Geschichte der Kirche
von Brixen, B. III, S. 632—633) schon 1197 geweihten
Bischof Eberhard von Brixen, welcher also dort eben-
sowenig 1199 wie 1200 nur Erwählter war, ist hier
wohl nicht zu denken. Im April des Jahres 1200 war
er nach F. Sinnacher, (B. III, S. 368. und 635.) zum
Erzbischofe von Salzburg gewählt und vom Kapitel daselbst schon am 20. jenes Monates eingesetzt worden:
und nun war Konrad von Rodank Erwählter von Brixen.
Die Zeit seiner Wahl ist zwar nicht bekannt geworden, allein da Eberhard ohne päbstliche Genehmigung
nach Salzburg übergegangen war, so wird unter seinem
Einflusse auch das Kapitel zu Brixen zu einer sofortigen Neuwahl zusammengetreten sein. Als dann Eberhard, nach A. von Meiller (Regesten der Erzbischöfe
von Salzburg, B. I, S. 170.) in Rom im December
persönlich, nach vieler Mühe, für Salzburg die Bestätigung erwirkt hatte, wird auch Konrad erst dieselbe für
Brixen erhalten haben. Dieser treue Anhänger Philipp's muss sich demnach unmittelbar nach seiner
Wahl, zum Empfange der Investitur, (Belehnung mit
Zepter und Schwert) an das Hoflager nach Speier begeben haben, wo am 28. Mai daselbst „der Erwählte
von Brixen" der in Nürnberg von den reichstreuen
Fürsten beschlossenen Erklärung beitrat. Dieser Umstand aber, *dass es nur seit April des Jahres 1200 einen
Erwählten von Brixen geben konnte*, scheint mir ganz
entscheidend gegen die Annahme zu sprechen, dass die
Erklärung zu Speier im Jahre 1199 Statt gehabt haben könnte. Dass einige der Schreibenden, welche
erst in Speier ihren Beitritt erklären konnten, durch
die wenige Genauigkeit, welche zu jener Zeit bei der
Abfassung der Urkunden beobachtet wurde, dennoch
den in Nürnberg gewesenen angereiht worden sind,
ist, wie ja auch Hofrath Ficker zugiebt, nicht auffallend. Eben so wenig in letzterem Orte im März 1200

ein Erwählter von Brixen sein konnte, war dies mit
dem vor ihm stehenden Bischof von Speier der Fall. Bischof Otto (Graf v. Henneberg) war nach X. F. Remling's Geschichte dieser Bischöfe (B. I, S. 420 u. Anmk.
934 daselbst) schon am 3. März 1200 gestorben, konnte
also den Hoftag zu Nürnberg, welcher erst um den
10. jenes Monates seinen Anfang nahm, nicht mehr
besucht haben. Wir werden aber gleich weiter unten
sehen: dass sein Nachfolger, Konrad von Scharfeneck,
am 18. März noch das Amt eines kaiserlichen Protonotars bekleidete, also nicht dort schon als Bischof seinen Beitritt erklärt haben kann, da er überhaupt erst
seit 7. April in dieser letzteren Würde vorkommt.
Dass aber der Protonotar Konrad der spätere Bischof
von Speier war, glaube ich in der Erklärung zum Regeste vom Mai 1199 bewiesen zu haben. Endlich finde
ich keinen Grund gegen das Jahr 1200 darin, dass
der Hofkanzler (Reichskanzler war er nicht) am |9. April
in Rom war und noch Bischof von Hildesheim heisst.
Am 15. März war er nach den Reichsregesten noch
in Nürnberg Zeuge, am 18. aber musste er seine Reise
angetreten haben, denn an diesem Tage händigt daselbst, ohne sein recognovi, wie die mon. boica (B. V,
S. 362.) melden, der spätere Bischof Konrad von Speier
zum letzten Male als Protonotar eine Urkunde aus, was
aber leider von J. Böhmer Ficker nicht angegeben
wird. Konnte er bis zum 9. April den Weg nach
Rom zurücklegen, so war es gewiss leichter von dort
bis zum 28. Mai in Speier zu sein; und was den Titel anlangt, so hatte er sich nach den obigen Regesten
auch am 19. und 31. Januar 1200 Bischof von Hildesheim genannt, weil ein grosser Theil der Bevölkerung
den auf päbstlichen Befehl erwählten Nachfolger nicht
anerkennen wollte, und welchen der Rheinpfalzgraf
Heinrich im December 1199 vergeblich einzusetzen
versucht hatte. Ein Recht, sich noch Bischof zu nennen hatte er eben so wenig am 28. Mai 1199 wie
1200, da der Pabst schon am 21. August 1198 dem Ka-

pitel daselbst befohlen hatte, seine Rückkehr dahin zu verhindern, und ihn hier wie im Februar 1199 bereits den gewesenen Bischof von Hildesheim nennt. Ein Hauptgrund für Konrad, den bischöflichen Titel noch so lange zu führen, als sein Nachfolger vom Lande nicht anerkannt war, wird darin zu suchen sein, dass er ohne denselben dem Reichsfürstenstande nicht mehr angehört haben würde. Sehr bedeutungsvoll für das Jahr 1200 ist aber noch der heftige Ton des Briefes, in welchem Otto von Braunschweig, nach den Reichsregesten, am 9. April 1200 die Bestrafung des Kanzlers vom Pabste verlangt. Konrad, welcher bis 15. März in Nürnberg war, wird für das Zustandekommen des Protestes besonders thätig gewesen sein, und wurde gewiss, in seiner Eigenschaft als Kanzler, von den dort versammelten Fürsten beauftragt, dem Pabste persönlich Vorstellungen zu machen, und nur das Vertrauen, welches sie noch in jene Zusammenkunft setzten, kann sie vermocht haben, die sofortige Uebersendung ihres Beschlusses zu verschieben. Da es aber Konrad nur gelungen war, sich vom Kirchenbanne zu befreien, und seine übrigen Bemühungen erfolglos blieben, wurde nach seiner Rückkehr am 28. Mai zur schriftlichen Abfassung des Protestes geschritten. Wäre die Anklage der Herren Abel, Winkelmann und Böhmer-Ficker begründet, „dass der Kanzler als Verräther der staufischen Partei aus Rom zurückgekehrt sei," so würden die gesta Innocentii (Cap. 44.) nicht berichten, wie dieser Konrad's Anwesenheit daselbst benützte, um noch ein Mal seine Enthebung von den bischöflichen Stühlen in Hildesheim und in Wirzburg zu verkünden. Bischof Eberhard von Brixen, welcher, wie der Kanzler, ohne Genehmigung des Pabstes, auf einen anderen Sitz übergetreten war, wurde doch in Salzburg bestätigt! Hofrath Ficker's Annahme eines Hoftages zu Nürnberg im Januar 1199, oder wie er einräumen will, vielleicht vor der Heerfahrt Philipp's nach Sachsen, also etwa im November 1198, erscheint mir auch noch aus anderen Gründen nicht gesichert. Nach der ersten Unterwerfung des Bischof von Strassburg, musste der König im Oktober 1198 seinen ersten Feldzug, am Niederrhein, gegen die Anhänger Otto's an der Mosel abbrechen, weil dieser selbst in Thüringen eingefallen war, um sich der dort gelegenen Reichsstädte zu bemächtigen. Dorthin eilte nun ein Theil des staufischen Heeres, und da der König, welcher alle seine Vorbereitungen gegen den Herd der Empörung getroffen hatte, nicht vorher wusste, dass er sich zu jener Zeit im Norden des Reiches befinden würde, so konnte für den November kein Hoftag nach Nürnberg ausgeschrieben sein. Dass die Einladungen während der vorherzusehenden unsicheren Dauer dieses Aufenthaltes erfolgt sein sollten, ist kaum denkbar, denn die Gefahr am Ober- und Niederrhein zwang Philipp, nachdem er am 5. Januar 1199 Goslar entsetzt hatte, bald dorthin zurückzukehren. Am 22. Februar war er bereits in Worms, und keine Urkunde bestätigt seine oder der Fürsten Gegenwart in Nürnberg.

Es haben sich also folgende, wie ich glaube, bisher noch nicht geltend gemachte Gründe für das Jahr 1200 ergeben: 1. weil ein Hoftag in Nürnberg urkundlich im Jahre 1199 überhaupt nicht nachweisbar ist, wohl aber im März 1200; 2. weil die Fürsten im November 1198 oder im Januar 1199 noch nicht in der Lage waren, einen Zug nach Rom ankündigen zu können; weit eher aber im Frühjahr 1200: nachdem vom Juli 1199 bis Februar 1200 die zweite Empörung des Bischofes von Strassburg unterdrückt, ein neuer glücklicher Feldzug in Sachsen geführt war, der Landgraf von Thüringen und der Bischof von Halberstadt sich Philipp angeschlossen hatten; 3. weil es nur seit April 1200 einen Erwählten von Brixen geben konnte; 4. weil der bittere Ton, in welchem Otto von Braunschweig am 9. April 1200 vom Pabste die Bestrafung des Kanzlers fordert, schliessen lässt, dass dieser bei der Vorbereitung des Protestes im Reiche besondere

Thätigkeit entwickelt haben muss, und 5. weil kein anderer Grund die Fürsten von der sofortigen Abfassung des Protestes in Nürnberg abhalten konnte, als die Hoffnung, welche sie noch in die bevorstehende Zusammenkunft des Kanzlers mit seinem Jugendfreunde, Pabst Innocenz III., gesetzt hatten.

1200 September 27. Nürnberg. *Konrad, Hofkanzler*, Zeuge des König Philipp, welcher für die Anhänglichkeit des Probstes Gerhard dem Münster St. Marien, auf dem Berge zu Altenburg, die Kirche zu Treben, die Mühle am obern Teiche zu Altenburg und die Pfarrei zu Mehna eignet (Böhmer, reg. imp, Band 1198—1272 von J. Ficker S. 19).

1200 Oktober 1. Nürnberg. *Konrad, Hofkanzler*, Zeuge König Philipp's, welcher dem Bischof Theoderich von Utrecht gestattet die Zollstätte von Gana an einen mehr geeigneten Ort zu verlegen (Böhmer, reg. imp. B. 1198—1272 von J. Ficker, S. 19, Mieris, chartb. I, 135 mit 1200, ind. 4.)

1200 November 28. bei Ulm. *Ego Conradus imp. aule cancellarius recognovi* Schuldverschreibung König Philipps für Probst und Brüder des heiligen Kreuzes bei Augsburg (Böhmer, reg, imp. B. 1198—1272, von J. Ficker, S. 19, mon. b. XXIX', 499).

1201 Juni. Lateran. Pabst Innocenz befiehlt dem päbstlichen Legaten Guido Untersuchung zu halten über *Konrad, kaiserlichen Kanzler, erwählten Bischof von Wirzburg*, der unter anderem auch der Simonie angeklagt wird (A. Potthast, regesta pontf. Romanorum B. I, S. 127, A. Theiner, vet. mon. Slav. merid. I, 58).

1201 Juli 5. bei Wirzburg. *Konrad, Erwählter von Wirzburg* ist Zeuge als König Philipp dem Kloster Bronnbach die Hofstätte zur Spitze in Wirzburg bestätigt, welche demselben Ulrich von Durn (Walddürn) geschenkt hat. (J. Böhmer, reg. imp. B. 1198—1272 S. 20, herausgegeben von J. Ficker). Diese ohne Jahresangabe ausgefertigte Urkunde

wird dort unter dem 3. Juni angegeben, da aber der
König am 2. Juni noch bei Hagenau urkundet, so vermuthet Hofrath Ficker wohl sehr richtig, dass in der
Abschrift aus dem 17. Jahrhundert sich ein Schreibfehler befindet, und dass „3. non Julii" zu lesen ist
für „data apud Wirzburg 3. non. Junii," wie J.
Böhmer in der vollständigen Urkunde, acta imperii selecta S.
196 angegeben hat. J. Böhmer's Grund für das Jahr
1201, weil der Kanzler Konrad wieder „Erwählter von
Wirzburg" heisst, ist zwar nicht ganz entscheidend,
da er auch im Vorjahre sich noch Bischof von Hildesheim und Erwählter von Wirzburg zu nennen fortfährt,
hat aber den Rechtsgrund für sich: dass ihn der Pabst
im Juni 1201 zum ersten Male, seit seiner Enthebung,
als erwählten Bischof von Wirzburg bezeichnet. Dann
aber muss auch aus obigen Gründen ein Schreibfehler
vorliegen, und es wird 3. non. Julii (5. Juli) zu lesen
sein. Zu bemerken ist übrigens, dass der König auch
am 5. Juli des Jahres 1200, (mon. boica B. XXIX*,
497) aber allerdings mit ganz anderen Zeugen, in Wirzburg urkundete.

1201 September 8. Bamberg. Könip Philipp schenkt
*seinem Verwandten und Kanzler, Konrad, Bischof
von Wirzburg*, und dessen Kirche die Burg Steineck (mon. boica, B. XXIX*, 501).

1201 (ohne Ort u. Datum). König Philipp befiehlt den
Vasallen, Dienstmannen und Bürgern zu Wirzburg, ihren *Bischof Konrad, seinen Verwandten
und Kanzler*, ehrenvoll aufzunehmen und ihm zu
gehorchen, und eignet aus Liebe zu diesem, ihm
und dessen Kirche, Güter, welche er bisher von
derselben zu Lehn getragen, und die ihm zurückgefallen (mon. boica, B. XXIX*, S. 503).

1201 September 14. Bamberg. *Ego Conradus Herb. ep.
et imp. aule canc. rec.* Urkunde des König Philipp, welcher dem Erzbischof Eberhard von Salzburg und seiner Kirche für dessen klugen Rath
und dem Reiche geleistete Dienste die Abteien

Chiemsee und Seon schenkt (Böhmer reg. imp.
B. 1198—1272, von J. Ficker, S. 21, mon. b.
XXIX·, 504).

1201 September 20. bei Nürnberg. *Conradus, Herbipolensis Episcopus, Imperialis aulae Cancellarius
recognovi*, dass König Philipp die Kirche zu Stein-
gad in seinen Schutz genommen hat (C. H. de
Lang, regesta b. II, S. 2).

1201 Oktober. Anagni. Pabst Innocenz III. schreibt
dem päbstlichen Legaten Guido über seine Bil-
ligung des Gesuches *des Bischof Konrad, kaiserlichen Kanzlers, für seine Berufung auf 'den bischöflichen Stuhl von Wirzburg*. Dasselbe schreibt
er dem Kapitel und dem *Bischof Konrad von
Wirzburg* (A. Potthast, regesta pontif. Romanorum B. I, S. 132, A. Theiner, vet. mon. Slav.
merid. I, 60).

1201 November. Anagni. Pabst Innocenz III. schreibt
an *Konrad, kaiserlichen Kanzler*, und die Pröbste
des Domes und von St. Johann zu Wirzburg
über die Verleihung der Präbenden der Kirche
St. Johann daselbst, obgleich deren Vergebung
dem päbstlichen Stuhle allein zustehe (A. Potthast,
regesta pontf. Romanorum B. I, S. 133, A. Theiner, vet. mon. Slav. merid. I, 60).

1201 November. Anagni. Pabst Innocenz III. befiehlt
dem Kapitel von Wirzburg, dass zur Wiederer-
werbung des Lehens (pro recuperatione feudi)
1000 Mark gezahlt werden sollen, wenn *Bischof
Konrad* innerhalb eines Jahres sterben sollte (A.
Potthast, regesta pont. Romanorum B. I, S. 133,
A. Theiner, vet. mon. Slav. merid. I, 60).

1202 Januar. Anagni. Pabst Innocenz III. befiehlt dem
*kaiserlichen Kanzler Konrad, Bischof von Wirz-
burg*, und Konrad, dem von Speier, den Bischof
Lupold von Worms zu ermahnen, welcher sich
ohne päbstliche Genehmigung in das Erzbisthum
Mainz und die Abtei Lorsch eingedrängt habe,

oder denselben im Weigerungsfalle zu excommuniciren (A. Potthast, regesta pontif. Romanorum I, S. 138, A. Theiner, vet. mon. Slav. merid. I, 62).

1202 o. O. u. D. *Cunradus dei gracia Wirciburgensis
episcopus* willigt als Lehensherr, dass Graf Poppo
von Wertheim seine Güter zu Dörlesberg dem
Kloster Bronnbach übergeben darf. Siegel abgefallen. (L. J. Mone, Zeitschrift f. d. Geschichte
des Oberrheins, B. IX, S. 64).

1202 November 7. Lateran. Pabst Innocenz beauftragt
den Erzbischof (Siegfried) von Mainz, *den Bischof
(Konrad) von Wirzburg* und den Abt (Eberhard)
von Salem die Statt gehabte Wahl des Hartwig
zum Bischof von Augsburg, dessen Verdienste und
dessen Geburt, welche nicht ehelich gewesen sein
soll, zu prüfen und darüber zu berichten (A. Potthast, reg. pont. Rom. I, S. 152 [Böhmer druckt
Bischof J. von Wirzburg], Innoc. Ep. Ms. der Ber-
liner Bibliothek Ms. lat. Oct. 50, L. G. O. F.
de Bréquigny, [1791] dipl. vol. II, 169).

1202 December 3. An diesem Tage wurde der *Hofkanzler Konrad, Bischof von Wirzburg* auf grau-
same Art ermordet. Ueber den Tag seines Todes ist zu vergleichen die Inschrift des Steines
auf S. 53 und das Regest vom 8. December 1208.
St. Barbara ist der 4. December und wurde wahrscheinlich als Erinnerungstag gewählt, weil die
Vigilien, für welche er sich am 3. December eben
in den Dom begab, als ihn die Mörder überfielen,
nach Sonnenuntergang abgehalten wurden.

1202 December 23. Lateran. Pabst Innocenz schreibt
dem Erzbischofe von Mainz, dass er, in dieser
Zeit der Verfolgung der Kirche, seine Pflicht
nicht gethan habe, sonst hätte er *dem Bischof C.
von Wirzburg, Hofkanzler*, aus eigenem Antriebe
gegen die Wuth seiner Feinde (contra saevitiam
malignantium auxilium efficax *praestitisses*) that-

kräftige Unterstützung leisten müssen; damit das,
was gegen einen solchen Mann und eine so mächtige Kirche ausgeführt wird (*committitur*), nicht
übermüthiger gegen geringere Geistliche und un-
bemittelte Kirchen verübt werden möge (*perpe-
tretur*). Er habe auch noch vernommen (accepimus etiam), dass der Herzog Philipp von Schwaben, diesem Bischofe feindlich gesinnt, aus Groll
sowohl die Person desselben verfolgt, als sich
vorgenommen hat (*debacchari proposuit*), dessen
Bisthum zu verwüsten, sowie dass er die Güter
der Geistlichen und die Diener dieser Kirche als
Raub und Beute (*posuerit*) aussetzen, und weder
das Geschlecht der Nonnen, noch die Religion
der Mönche (*pepercerit*) verschonen würde; verbietet dem Erzbischofe und seinen Suffraganen
Hilfe gegen diesen Bischof zu leisten, und befiehlt
ihm, die von jenem gegen die (ersteren) Uebelthäter
erlassenen Excommunicationen streng befolgen zu
lassen. (L. G. O. F. de Bréquigny, diplomata
[1791]. vol. II, u. S. 201, Potthast, reg. pont. Rom.
I, S. 107, Raynald, ann. eccl. a. 1202, S. 19).

1203 Januar 23. Lateran. Pabst Innocenz klagt schmerz-
lich über den Mord *des Bischof Konrad von Wirzburg* und befiehlt dem Erzbischof Eberhard von
Salzburg und seinen Suffragan-Geistlichen das
Anathema gegen die Thäter (filii Belial), welche
er als Reichsdienstmannen bezeichnet, und deren
Helfer zu verkünden (L. G. O. F. de Bréquigny,
dipl. vol. II, 223, wo zunächst dieser Befehl an
den Erzbischof von Mainz und seine Suffragane
erlassen wird, dann mit sehr geringen Abweichungen an den Erzbischof von Salzburg, fontes rer.
Austr. Abth. II, B. XXV, S. 141, und endlich
am 25. Januar fast wörtlich ebenso an den Erzbischof von Bremen, Laggenberg, Hamb. Urkb.
B. I, S. 295, A. Potthast, regesta pontificum Romanorum I, S. 159).

1203 Februar 24. Lateran. Pabst Innocenz befiehlt dem Bischof und Kapitel zu Hildesheim, den Diaconus Hermann daselbst in die Präbende einzusetzen, welche *Konrad, Bischof von Wirzburg, Hofkanzler*, vorher innegehabt (A. Potthast, regesta pontificum Romanorum B. I, S. 161, L. G. O. F. de Bréquigny, [1791] dipl. vol. II, 241).

1203 April 18. Lateran. Papst Innocenz verkündet der gesammten Christenheit, dass Bodo, und Heinrich Fuson dessen Vasall, beide Ritter, und Erold und Konrad, Diener, zu ihm gekommen seien und bekannt haben, dass sie den *Bischof C. von Wirzburg, kaiserlichen Kanzler*, grausam ermordet hätten. Nachdem Hugo, der Cardinal-Presbiter von St. Martin, welchem er dieselben übergeben, ihre Beichte gehört, habe dieser ihnen auf seinen Befehl folgende Strafen auferlegt:

1. Waffen nur gegen die Ungläubigen oder zur Vertheidigung des Lebens zu gebrauchen.
2. Weder Hermelin noch bunte Kleider zu tragen.
3. Keine öffentlichen Schauspiele zu besuchen.
4. Nach dem Tode ihrer Frauen nicht wieder zu heirathen.
5. Vier Jahre gegen die Ungläubigen in Palestina zu kämpfen, und dass Bodo, welcher der ältere ist, noch einige Männer auf seine Kosten mitzunehmen habe. Sie sollen nach gewissen Vorschriften häufig fasten, nur im Bussgewande die Kirchen betreten und nur in ihrer Todesstunde die Sakramente empfangen. Wenn sie jemals *mit Sicherheit* in eine deutsche Stadt kommen können, mögen sie sich entblösst und barfüssig, mit Stricken an Hals und Armen und Ruthen in der Hand, in die Hauptkirche begeben, um von der Geistlichkeit Strafe zu empfangen, besonders wenn es ihnen möglich würde, *sicher nach Wirzburg* zu gelangen. Sobald sie aus den überseeischen

Landen zurückgekehrt sein werden, sollen sie
nach Rom kommen, um Rath und Befehle zu
erhalten. (Auszug aus dem sehr unverständ-
lichen lateinischen Text des Standbuch Nr. I,
oder liber privilegiorum antiquissimus Lupoldi
de Bebenburg, aus der zweiten Hälfte des 14.
Jahrhundert, Fol. 295—296 im Kreisarchiv zu
Wirzburg. Die mangelhaften Stellen sind aus
dem Standbuche Nr. 644 oder liber privilegiorum Laurentii episcopi Herbipolensis vom Jahre
1513 ff. fol. 339 und 339', und dem Standbuche Nr. 276 oder liber I Bullarum Pontificiarum et Brevium aus dem 17. Jahrhundert
fol. 2. u. 3., des gleichen Archives, nach den
in diesen beiden Büchern übereinstimmenden
Worten ergänzt worden.
Die in Raynald's annales ecclesiastici B. XIII, S.
97—98 (Köln 1692—1693) genannte weitere Strafbe-
stimmung „Verlust aller von der Kirche zu Lehen ge-
henden Besitzungen und die Unfähigkeit (auch für die
Erben) solches Gut zu erwerben, namentlich nicht vom
Bisthume Wirzburg" findet sich erst in dem Schreiben vom 3. Juli. Nach Raynald war Bodo's Vasall
und Mitschuldiger, Heinrich Fuson; auch nach dem
Standbuch I nennt ihn der Pabst Heinricum fusonem,
was jedoch in den beiden jüngeren Standbüchern des
Kreisarchives zu Wirzburg durch „Heinrich Hund" ergänzt wird. Dieser Name ist aber jedenfalls ganz willkürlich nach der fränkischen Chronik eingeschoben
worden; fuso oder fuson hat in der lateinischen Sprache
keine Bedeutung und muss demnach sein Familienname
gewesen sein. Ussermann (Germ. sacr. IV, 77) wird
„falconem" gelesen haben, denn er nennt ihn Heinrich
von „Falckenberg". Dieses Geschlecht gehörte aber
der *Ober-Pfalz* an, und es ist nicht wahrscheinlich, dass
ein Glied desselben in Lehenverband zu dem *fränkischen* Bodo stand.
1203 Juli 3. Ferentino. Pabst Innocenz III. befiehlt

dem Erzbischof von Salzburg und seinen Suffraganen, den Mördern des *Bischof Konrad von Wirzburg* und deren Erben alle Lehen dieser Kirche
zu entziehen, und da dieselben den Namen des
Schlosses Ravensburg als ein Kriegszeichen ausgerufen (ut, cum nomen castri Ravennesburc episcopum occidentes in signum bellicum exclamerint)
diese Burg zerstören zu lassen; sowie diejenigen,
welche nach der Ermordung des Bischofes mit
Waffen den Thätern Hilfe leisteten, und diejenigen, welche ihnen wahrscheinlich Rath ertheilt,
zu excommuniciren. (A. Potthast, regesta pontif.
Romanorum B. I, S. 271, L. G. O. F. de Bréquigni, [1791] dipl. vol. II, 326).

1203 Juli 8. Ferentino. Pabst Innocenz III. klagt über
den Tod *des Bischof Konrad von Wirzburg,* welchen die Ritter Bodo und Heinrich und deren
Diener in der Stadt daselbst auf offener Strasse
grausam umgebracht haben, in einem Briefe an
den Probst O. von Wirzburg und den Burggrafen G. und deren Verwandte, und sichert Hand-
habung der Gerechtigkeit zu (Raynald, annales
ecclesiastici, B. XIII, [1198—1254] S. 97—98,
Köln 1692—1693, L. G. O. F. de Bréquigny,
[1791] dipl. vol. II, 327, A. Potthast, reg. pont.
Rom. I, S. 171.). Probst Otto, [später Bischof]
von Wirzburg war ein geborner Edelherr von
Lobdaburg aus Thüringen, und die vom Pabste
angedeutete Verwandtschaft ist wohl durch Konrad's Mutter entstanden, welche eine geborne
Gräfin von Gleichen war, wie dies Mooyer in
den Neuen Mittheilungen des Sächsisch-Thüringi-
schen Vereines [Jahrg. VII, Heft 4.] sehr hübsch
nachgewiesen hat.

1203—1207 o. O. u. D. Hugo, Kardinal-Presbiter von
St. Martin schreibt dem Magister H., Erwählten
von Wirzburg, dass er die Ueberbringer dieses
Briefes, Bodo und Heinrich, Ritter, Herold und

Konrad, Diener, nachdem sie in Rom gewesen, auf Befehl des Pabstes vom Kirchenbannne frei gesprochen, ihnen aber die Strafen, welche für ganz Deutschland verkündet, eingeschärft habe. Fordert ihn auf, alle Männer ihrer Familien, welche durch Rath und Hilfe zur Ausführung des Verbrechens beigetragen, zur Sühne an den Pabst zu verweisen. Die Frauen aber, welche von diesen Familien durch Rath und Gunst die That unterstützt, möge er vom Kirchenbanne freisprechen, ihnen die Strafe je nach der Eigenschaft des Vergehens und der Personen (!) bestimmen und sie dann wieder zum Empfange der Sakramente zulassen. (Der zu Grunde liegende, zuweilen unverständliche lateinische Text des Standbuch Nr. I oder liber privilegiorum antiquissimus Lupoldi de Bebenburg, aus der zweiten Hälfte des 14. Jahrhundert, fol. 295—296 im Kreisarchiv zu Wirzburg, wurde ergänzt durch die übereinstimmenden Worte des Standbuches Nr. 644, oder liber privilegiorum Laurentii episcopi Herbipolensis, vom Jahre 1513 ff. fol. 339 und 339° und des Standbuches Nr. 276, oder liber I Bullarum Pontificiarum et Brevium aus dem 17. Jahrhundert fol. 2. und 3. in demselben Archive).

Bodo kann dieses Schreiben erst nach Wirzburg gebracht haben, nachdem er, wie es die Strafbestimgen vom 18. April 1203 vorschreiben, vier Jahre gegen die Ungläubigen gekämpft hatte, und wird, so lange König Philipp lebte, die Rückkehr überhaupt nicht gewagt haben, da er vor dem Jahre 1212 urkundlich in Deutschland nicht nachweisbar ist. Der Pabst selbst bezeichnet ja den Aufenthalt daselbst an zwei Stellen der Strafbestimmungen als unsicher.

1204 Januar 11: o. O. Bischof Heinrich bekennt, dass Abt Rucher von Brunnebach mit Consens seines Convents in seine Hände Verzicht geleistet habe auf den Zins, den letzterer auf Anordnung seiner Vorgänger, nämlich Bischof's Heinrich (III.), und *Bischof's Cuonrad (I.), kaiserl. Hofkanzlers*, vom Abte zu (Ober) Zell einzunehmen pflegte. Diesen Zins habe er auf Verlangen des gedachten Abtes dem Heinrich von Brenda und dessen 2 Söhnen gegeben, wogegen diese ihre Güter zu Richòluesheim (d. i Reichholzheim bei Brumhach), die diese von der Wirzburger Kirche zu Lehen getragen, mit seiner bischöfl. Einwilligung dem erwähnten Abte und seinem Kloster als Allodium übergeben haben. (Enthalten im Standbuche Nr. XII, fol. 48. und 49. des Königlichen Kreisarchiv zu Wirzburg).

1208 December 8. o. O. Bischof Otto befreit das Kloster Ahausen von allen Zehent- und Steuerabgaben der Klostergüter zu Frickenhausen und Segnitz, aber unter der Bedingung, dass *dasselbe alljährl. am Feste der Jungfrau Barbara, an welchem der Jahrestag des seel. Bischof's Conrad, kaiserl. Hofkanzlers, gefeiert wird, 4 Kerzen von 6 Pfund Wachs zum Grabe desselben liefere.* (Enthalten im Standbuche Nr. XII, fol. 43, des Königlichen Kreisarchiv zu Wirzburg).

1275 November 20. o. O. Bischof Berthold von Wirzburg bestätigt dem Abte Syfrid und dem Convente der Kirche in Ahusen vorstehende diesem Kloster von seinem Vorgänger Otto gewährte Zehentfreiheit. (Enthalten im Standbuche Nr. XII, fol. 146. und 147. im Königlichen Kreisarchiv zu Wirzburg).

------×------

Berichtigungen.

S. 10 Z. 32 zu lesen 1182 für 1812.

Der Satz S. 16. Z. 3—10:

Die Deutschland berührenden Urkunden fertigte er für den Erzkanzler dieses Theiles des Kaiserreiches, den Erzbischof Konrad von Mainz, die Italien angehenden für den Erzkanzler, Erzbischof Adolf von Köln, die für Burgund im Namen des Erzkanzler, Erzbischof Einhart von Vienne, und endlich die das Königreich Sicilien betreffenden in Gemeinschaft mit dem Kanzler dieses Reiches, dem Bischof Walter von Troia.

muss heissen:

Die in Deutschland, Italien und Burgund ausgestellten Urkunden fertigte er für den bezüglichen Erzkanzler dieser Theile des Kaiserreiches, nämlich für den Erzbischof von Mainz, den von Köln und den von Vienne, und endlich alle im Königreich Sicilien erlassenen Verfügungen in Gemeinschaft mit dem Kanzler von Sicilien und Apulien, Bischof von Troia.

Der Satz S. 27 Z. 32—34:

nach dem Briefe vom 21. August 1198 hatte er aber, auf eine nicht ganz bestimmte Zusage des Pabstes Cölestin, etc.

muss heissen:

nach dem Briefe vom 26. Januar 1200 hatte er aber, auf unrichtige Auslegung einer Erlaubniss des Pabstes Cölestin etc.

S. 64 Z. 15 zu lesen 1195 für 1196.

Nachtrag.

In dem von Professor Dr. K. Stumpf zu seinem Werke: Die Reichskanzler, *acta imperii usque adhuc inedita*, erst kürzlich herausgegebenen „Abschnitt III" und in dem dazu gehörigen „Anhange" finden sich noch mehrere hierher gehörige Urkunden. Die erste derselben bestätigt meine (auf S. 13—14) ausgesprochene Vermuthung, dass Kaiser Heinrich die Freilassung des Königs von England hauptsächlich aus dem Grunde erschwert hat, damit derselbe während des Zuges nach Sicilien nicht etwa einen neuen Aufstand seines Schwagers, des Herzog von Braunschweig, unterstützen sollte. Es ist nun unzweifelhaft, dass Heinrich, genannt der Löwe, dennoch eine letzte Empörung versucht hatte. Zugleich ergiebt sich aus diesem Briefe und der folgenden Urkunde, dass der Kaiser zu Ende des Jahres 1194 die Uebertragung des Kanzleramtes an Konrad noch nicht beabsichtigt haben kann, dass aber letzterer dasselbe schon am 19. März 1195 verwaltete.

1194 December 4. Palermo. Kaiser Heinrich schreibt dem Herzog B. von Sachsen über die glückliche Besitzergreifung des Königreiches Sicilien, erklärt ihm, dass er besonders auf seine Verwendung den Markgrafen Albrecht (von Meissen) wieder in Gnaden aufnehme, fordert denselben auf, den Feindseligkeiten Herzogs H. von Braunschweig mit Entschiedenheit zu begegnen und die Klagen jener von Gloworp (bei Dessau a. d. Elbe) *im Vereine mit dem Probst Konrad von Goslar und dessen Bruder, dem Magdeburger Burggrafen Gebhard*, gerichtlich zu schlichten. (Abschnitt III, S. 708—709.)

1195 März 19. Gioja. *Ego Corradus imperialis aule cancellarius una cum Gualterio* Troiano episcopo et totius regni Sicilie cancellario recognovi, dass Kaiser Heinrich dem Abt Palmerius des Kloster St. Stephan zu Monopoli (zwischen Bari und

Brindisi) dessen Besitzungen und Rechte bestätigt hat. (Anhang S. 741—751.)

1195 April 27. Ortona. *Ego Conradus imperialis aule cancellarius una cum Gualtero Troiano episcopo et regni Sicilie cancellario recognovimus,* dass Kaiser Heinrich dem Reinald von Aquaviva und dem Fortebracchio wie deren Erben alles Land, welches der Schwiegervater des ersteren, Leo von Atri, zu Zeiten des König Wilhelm von Sicilien besessen hat zu Bisenti, Scorrano, Forcella, Atri etc., verleiht. (Abschnitt III, S. 709—711.) Mein früheres Regest von diesem Tage ist gänzlich verdruckt.

1196 April 29. o. O. *Ego Conradus imperialis aule cancellarius et Gualterus Troianus episcopus et cancellarius regni Sicilie recognovimus,* dass Kaiser Heinrich dem Tempelorden in Apulien auf Bitten des Grossmeister Gottfried den Weiher Ciprandi geschenkt hat. (Abschnitt III, S. 711—712.)

Das Jahr 1196, obgleich mit indictione XIIII, der Abschrift in Paris kann nicht richtig sein, da Konrad im April Legat in Italien war, und der Kaiser sich in Deutschland befand. Auch wenn man annehmen wollte, dass die Beglaubigung nach dem Gebrauche jener Zeit in Abwesenheit des Kanzlers doch in seinem Namen geschah, so müsste es hier heissen „vice Conradi Magunt. archiepiscopi etc." Ein Fall: dass der Kanzler *den abwesenden Kaiser* als Aussteller handeln lässt, ist bis jetzt nicht bekannt geworden; dies müsste aber geschehen sein: da nicht data, sondern „acta sunt haec anno dominice incarnationis MCXCVI" in der Urkunde steht. Ich kann mich aber auch Professor Stumpf's Ansicht nicht anschliessen, dass die-selbe dem Jahre 1195 angehört, obgleich die angege-bene Regierungszeit zum Theil für dieses spricht: es scheint vielmehr die obige Abschrift von einem ge-fälschten Originale herzurühren, in welchem man den Ort der Handlung zn nennen vermied.

Man wolle streichen:

Seite 4 Zeile 25 — 29 die Worte „Aus — zurückkomme", weil nach C. v. Staelin (wirtb. Gesch. II, 91) die Ehe des König Friedrich I. und der Adela von Vohburg unter dem Vorwande der Blutsverwandtschaft getrennt wurde, wodurch sich also auch die Verwandtschaft zwischen König Philipp und dem Kanzler Konrad sehr gut erklären liesse — wenn letzterer ein Herr v. Ravensburg gewesen wäre.

„ 6 Zeile 14—21 den Satz „Wollte — können", weil Gebhard und Gerhard dann nicht die gleiche Mutter wie Konrad gehabt hätten und die Worte uterini fratres keinen Sinn haben würden.

„ 10 Zeile 22 die Jahreszahl 1197, weil nach Aemilian Ussermann (Germ. scr. IV, 74) sein Vorgänger noch 1198 gelebt haben soll.

„ 16 Zeile 21 — 29 die Worte „da — sein", weil die Satzbildung keine gute und Arnold's von Lübeck Angabe wohl ganz richtig ist. Ich war Th. Toeche (Heinrich VI., 744) gefolgt, welcher glaubt, dieselbe beziehe sich auf den Januar 1196, als der Kaiser in Hagenau war. Allein dieser urkundete am 18. August 1195 wirklich in Strassburg, von wo die Boten an Konrad nach Italien abgiengen, und ich halte jene Angabe aus den folgenden Gründen für richtig: „Der Kaiser, welcher durch den am 6. August 1195 erfolgten Tod Heinrich's des Löwen in Deutschland keinen Aufstand mehr zu- befürchten hatte, konnte nun den beabsichtigten Kreuzzug ausführen, zu dessen Beschleunigung noch eiligst ein Reichstag nach Gelenhausen ausgeschrieben wurde. Konrad, nach Vollendung der Geschäfte, wird auf eine Aufforderung der staufischen Partei des Stiftes Hildesheim, welches schon lange ohne Bischof war, nach Deutschland geeilt sein, und die Boten des Kaisers trafen ihn nicht mehr."

„ 28 Zeile 1 die Worte „welcher — wollte", denn im Regest vom „ 21. August 1198 wurde zu drucken vergessen, dass der Pabst selbst schreibt: er habe aus Konrads Briefe ersehen, dass dieser seine Ehe mit der Hildesheimer Kirche gelöst habe. Als Innocenz ihm auch Wirzburg abgesprochen hatte, widersetzte sich später der Bischof, denn erst am 29. September 1199 und am 19. und 31. Januar 1200 nennt er sich nach beiden Sitzen.

„ 64 Zeile 15—19 und Zeile 31—35 die beiden verdruckten Regesten, welche durch diejenigen des Nachtrag: vom 27. April 1195 und vom 29. April 1196, zu ersetzen sind.

Vor allem aber ist zu streichen ein jedes Wort, welches auch nur den Schein hat, als wollte ich die Verdienste des von mir so hoch verehrten Herrn Professor E. Winkelmann verkennen, denn allein schon seine, mit so unantastbarer Quellenangabe, nachgewiesene Echtheit der Wahl Philipp's ist ein Denkmal unübertroffener Klarheit und Sorgfalt der Bearbeitung. Das ganze Werk wird für alle Zeiten eine Perle der deutschen Geschichtsforschung bleiben, nur seine Auslegung der wenigen Nachrichten über den Untergang des Kanzler konnte ich nicht theilen, und auch nur den Vorwurf des Verrathes habe ich abzuwenden versucht.

Bruno II., der Heilige, † 14. Febr. 1009.   G

Burchard I.

Gebhard II.	Graf C‹
Gem. Oda von	Wilhelm II.
Ammensleben.	Graf von
	Ludesburg

Conrad I.	Gebhard III.,	Burchard
Erzbischof v.	† 19. Febr. 1126	erster Burg‹
Magdeburg	bei Chlumcz.	von Magdeb
1134—1142.		1136—115

Siegfried I.,	Burchard I‹on Borch,
Bischof v.	zweiter Burggraf von 159.
Wirzburg	1155— c. 1)
1147—1150.	Gem. Mathilde,iliennamen)
	von Gleicht‹s von Quer-

Burchard IV.,	Gebhard IV.,	Conrad II.,	Gerhard I‹rkommende
dritter Burg-	vierter Burg-	Kais. Kanz-	Ist wahr-, weil Adal-
graf von	graf von	ler, Bischof	scheinlich nrad I. von
Magdeburg	Magdeburg	von Hildes-	der bis ‹rg, welcher
1179—1190,	1191—1210.	heim und	c. 1220 ‹- und Her-
gestorben in	Gem. Luit-	v. Wirzburg,	vorkom- le Familien,
Palestina.	gard.	† 3. Decem-	mende das gleiche
Gem. Sophie,		ber 1202.	Magdb. im weissen
Tochter des			Truchsess eine fünfar-
Grafen Hein-			Gerhardus die gemein-
rich v. Wettin.			' Heidenreich,
(Im Oktober			·n, und weil
1506 starb			‹nderten der
Johann V.,	Heinrich, Rheinpfalzgraf	bischof Bur-
Domherr zu	1195—1214, vertrieben 1214, †rt, welcher
Halberstadt,	Gem. Agnes, † 1204, ‹urger Dom-
als letztes	Tochter des Herzog — Pfalzgraf Co‹5 beide Fa-
männliches	(Oheim des König Philipp) und der ‹m 1373 und
Glied der	gard von Henneberg, † 11.lbrecht von
Hauptlinie.		
	Agnes, ‹dirt haben,
	Gem. Otto II., Herzog v‹J 1387 Kon-
	Briesenthal.
Ludwig II.,	auf Grund
Herzog v. Oberbayern,	erster Gemahl ‹ng im Kö-
Rheinpfalzgraf.	(zweiter Gema‹enklasse als
	Gö‹henen Gra-
	Konradin,‹n worden.
	· als

· Jaffé, Ge-
Zusammengestellt nach: Annalista Saxo bei G. ‹or Dr. Hol-
schichte des deutschen Reiches unter Lothar dem S‹ommen am
stein, die Burggrafen etc. und nach meinen eigenen
19. Januar 1879 im Königreiche Sachsen.